Historias que tejen la Historia

Crónicas de vida y lucha social

Margarita "Mariposa" Quiroz
Maestra, cuentacuentos y activista social

Nombre del libro: Historias que tejen la Historia
Autor: Blanca Margarita Quiroz Miranda
Diseño de portada: Rodrigo Pedroza/Comunicación Global Design
Edición: Georgina Vega/Diana A. Pérez/Comunicación Global Design
Coedición gráfica: Aziyadé Uriarte/Comunicación Global Design

© Del texto, 2023 (Blanca Margarita Quiroz Miranda)
Primera edición: Diciembre 2023

© Reservados todos los derechos.
Queda rigurosamente prohibida, sin autorización del autor ©, bajo las sanciones establecidas por la ley, la reproducción total o parcial de esta obra por cualquier medio o procedimiento, comprendido la reprografía, el tratamiento informático, así como la distribución de ejemplares de la misma mediante alquiler o préstamo públicos. El autor es totalmente responsable por la información en texto e imágenes del contenido de esta obra.

Reg: 03-2024-041910392700-14

ISBN: 9798874460105

www.comunicaciongd.com   www.autopublicatulibro.com

*Con hilos de palabras vamos diciendo,
con hilos de tiempo vamos viviendo.*

Los textos son como nosotros: tejidos que andan.

Eduardo Galeano, escritor uruguayo

DEDICATORIA

A mi madre: Doña Margarita Miranda,
por su ejemplo de vida.

A la familia, amorosos compañeros de vida.

A las y los compañeros
de trabajo y de lucha social.

"Somos Historia y memoria del futuro."

Para las nuevas generaciones.

Con amor infinito:
Para Víctor, Montse y Damián.

Margarita "Mariposa" Quiroz
Junio, 2023.

AGRADECIMIENTOS

Este segundo libro de mi autoría, *Historias que tejen la Historia*, refleja algo de las experiencias que, en el transitar de la vida, han dejado huella en mi formación como maestra, como activista, como madre y abuela y, sobre todo, como mujer. Una mujer que intenta transformar el entorno social en que le ha tocado vivir, a través de la educación, de la lucha social y la literatura. Empresa nada fácil porque, para hacerlo, he tenido que ir al encuentro y transformación de mí misma, honestamente, aún no lo consigo, pero en ese intento, me he encontrado con grandes amigos y amigas que me han apoyado con su amistad, con su confianza, con su amor incondicional. Gracias, mucho valoro su amistad.

No puedo dejar de agradecer a mis colegas y amigas, poetas, escritoras: Delfina Ramírez Solórzano y Esther Navejas Juárez, que me hayan animado a escribir y publicar mi primer libro; *Mujeres de 60 y más*. A la familia no la podemos escoger, a los amigos y amigas, sí.

Muy especialmente, agradezco a la vida haber encontrado en este caminar a una hermosa mujer, maestra de vocación, que me impulsó a no esconder mis letras, a dejar registro de nuestras experiencias, porque, me decía: Solo el conocimiento y la letra escrita garantizan que las nuevas generaciones valoren a sus ancestros, se preparen y disfruten de su presente para dar forma y sentido a su incierto futuro". Desde el corazón, gracias, maestra Malbina Robles Robles.

Cómo no agradecer a mi familia; a Alberto, mi finado esposo, con quien formé una familia espléndida: José Alberto y Marcela, Joel y Fernanda, gracias por darme nietos; que hoy por hoy todo tienen que ver con mi felicidad. ¡Es una delicia ser abuela! Montse, Damián, a la distancia, gracias, Víctor.

Por último, no puedo dejar de agradecer a mis hermanas y hermanos: Hilda, Aída, Martha, Raquel, Lourdes, Sergio y Carlos, gracias, familia, por la vida compartida.

Agradecimiento eterno a don José Quiroz y a doña Margarita Miranda, mis padres, que, por su ejemplo de vida, han sido fuente de inspiración.

Magui "Mariposa" Quiroz

ÍNDICE

Prólogo 15

Introducción 19

Historias que tejen la historia 21

Retrato en sepia 25

Historia antigua 28

Tren de vida 31

Recuerdos enlazados 43

¡Presente! 45

Cuauhtémoc 49

Con la "p" de Paloma 52

Colibríes 57

Hay gente que no tiene permiso de morir 63

Hasta encontrarles 65

Interrogación 69

Si hueles a leña, ¡hueles a lucha! 71

San Felipe en tres tiempos 74

Las muchachas 74

Rezandera 76

Milenario 77

Amores viejos, viejos amores 80

Qué daño nos hizo Televisa 83

La casa de la abuela 86

Por culpa del gato 89

Caciques 94

Entre líderes te veas 102

Blanca libertad 106

Vestido blanco 109

Absurda receta de ensalda de nopales 4T 115

Dos palabras 117

Perfección 119

"Antrojo" 121

Autorretrato 124

Las letras de Margarita. Un reconocimiento 127

PRÓLOGO

UNA OPINIÓN ¿QUIÉN ES MARGARITA QUIROZ?

Invitaron a Margarita Quiroz Miranda a la presentación de un libro, la escritora es una exalumna de la profesora, Etzikey Beltrán Legy se llama. Eso ya la pinta como una profesora dedicada, preocupada por mucho más que la transmisión de conocimientos. Desde hace un cuarto de siglo es maestra jubilada, reconocida como una persona crítica, feminista, justiciera, congruente, militante de varias organizaciones que luchan por los valores fundamentales de nuestra sociedad: Vida, Justicia, Verdad, Solidaridad, Libertad y Democracia. ¡Ah! Y que no la agarren enojada los funcionarios, quienes la han visto y escuchado, no quisieran ser el funcionario, porque se los pone *pintos*; sin embargo, son tan indignos que se les resbala, tal vez algunos hasta sientan un poco de vergüenza, pero cuando cobran su salario, sus *caiditos*, y el producto de sus tropelías, se les quita el sentimiento.

Con Margarita no se juega, no fue su tiempo, pero en la Revolución hubiera sido una brava soldadera: Adelita, Valentina o Juana Gallo, ya nos la imaginamos cargando su 30—30 siguiendo a su Juan, en las filas de Villa o Zapata.

Tal vez sea una reencarnación de Juana de Arco, de Rosa Luxemburgo, de Josefa Ortiz de Domínguez, ella es un *mujerón*, así lo dicen quienes la han visto protestar con fuego en la boca y en los ojos.

Pero también es una persona sensible, es una romántica incorregible, mujer que escribe versos. La luna conoce sus grandes ojos color de miel. Conoce sus sueños, sus querencias, sus secretos, es hermosa, porque la belleza se cultiva con buenas acciones y a ella le sobran.

Ha estudiado muchas cosas, es normalista en la Escuela de Pedagogía, estudió la especialidad de Literatura y Lingüística, además Fotografía y Derechos Humanos. También fue maestra en UPN en los Diplomados de Derechos Humanos y Formación Cívica y Ética, y tantas y tantas cosas más. Lectora incansable, todo quiere saber, Química, Matemática Cuántica, Biología Molecular, la vida en la profundidad de los océanos y hasta cuánto tiempo viven las moscas.

Como cuentacuentos y promotora de lectura narra historias y leyendas de los cucapá y de Baja California, en la búsqueda de recuperar identidades. Haciendo gala de su buen sentido del humor, platica anécdotas y chistes con bastante ingenio, ¡ah! y de repente declama, aunque creemos que mejor, mucho mejor reclama.

En cada manifestación en Mexicali, en Baja California y no pocas veces en varias partes de la República, si se analiza la foto de la muchedumbre protestante con una lupa, seguro que la encontrarán, sonriente, con un sombrero, un pañuelo al cuello y ahora su infaltable celular, extensión de su mano.

Pero también es una madre y una abuela amorosa, paciente, comprensiva, juega con sus nietos y les festeja todo, no se diga los cumpleaños ¡Cómo me hubiera gustado que fuera mi abuelita! En parte es la madre de muchos de nosotros que la conocemos, siempre dispuesta a ayudar, aun en el límite de sus fuerzas. Le gusta hacer reuniones bien organizadas, regularmente es moderadora de las sesiones, llama la atención si alguien no respeta las reglas de las reuniones, "¡Ey!, no interrumpa cuando alguien está hablando, tenga respeto, ¡Ya le llegará su turno!"

La hubieran conocido en la lucha magisterial o en la lucha por la salida de la cervecera Constellation Brands, su presencia, siendo una sola persona, al mismo tiempo, es muchas personas; representa el alma, el empuje, el coraje de muchos y muchas que ya no están, pero que nos enseñaron lo que es poner el hombro para que la humanidad camine hacia la paz y la libertad. Esa es Margarita, un ser muy especial, empática, genial, porque su vida la ha dedicado a los demás y eso vale mucho.

También escribe libros y piensa que posiblemente un director y un productor de la meca del cine hagan tal vez una buena película basada en sus libros, es soñadora, eso es cierto, pero, nosotros pensamos "¿Por qué no puede surgir una Isabel Allende, una Rosario Castellanos, una Gabriel García Márquez o una Sor Juana en el mero Mexicali? ¿Por qué no?"

Margarita "Mariposa" Quiroz

Eso y mucho más es Margarita Quiroz, solo conociéndola, conviviendo con ella puede uno entenderla, tiene una convicción que hace que nada la detenga, y eso que ya no es una jovencita, pero no le vayan a decir, ella se siente joven, y de hecho, su espíritu lo es.

Seguramente en el momento que nació se emparejaron los planetas, el dios sol o el que sea debió haber dicho "Hay bastante gente mala, bastante gente distraída, que necesitamos cargar la balanza hacia lo bueno, hacia lo puro". Así nació Margarita, en un punto perdido de la geografía mundial, de la Vía Láctea, en el Valle de Mexicali, en este pequeño grano de polvo que flota en el enorme universo... en una época en la que no existían los celulares, las computadoras, los televisores de plasma... cuando a los perros los amarraban con longaniza y la gente dejaba abiertas las puertas de sus casas.

Ignacio Gastélum Ruiz

INTRODUCCIÓN

El propósito de este libro es reunir escritos hechos para diferentes momentos y fines, recuperar la memoria en ideas que han quedado sueltas y hoy pretendo darles forma, comunicarlas y compartirlas con quienes son también mis personajes. Se trata de soltar las ideas y armarlas con las nuevas visiones del momento actual. Han sido varias décadas llenas de experiencia, jubilados, maestros de profesión o compañeros de lucha, jóvenes de espíritu y de edad, que buscan expresar sus sueños y construir nuevos horizontes de vida en un mundo complejo, a veces violento y desafiante, en el cual no puedes quedar impávido o conforme con lo que pasa.

Este libro reúne anécdotas, relatos propios o historias de experiencias de vida, de familiares y amigos, personas y personajes que promovieron el gusto por la conversación, la convivencia, la historia, la poesía y que nos confiaron el material para *entretejer* esta obra con la concurrencia de colectivos en protesta, en la lucha social y en la búsqueda de libertad y de justicia social. El hoy se basa en el ayer, por ello, en este entramado del complejo tejido social, la Historia cobra relevancia. Una historia de vida con sus principios, valores, tradiciones y costumbres se entreteje con las otras, y en el transitar, se enriquece y va creciendo. La Historia es un proceso, y nosotros la vamos construyendo día a día. Es preocupante la pérdida de identidad, por ello es indispensable valorar la justa dimensión de la Historia, que es la raíz e identidad de un pueblo, de su cultura y tradiciones. Los jóvenes mucho ignoran de ese proceso, solo son víctimas. ¿Cuánto puede aportar a las nuevas generaciones, la gente a quienes se ha definido como de la tercera edad?

El libro contiene una treintena de textos, algunos de diferentes fechas, escritos libres y poemas breves con temas de amor, de ser mujer, trabajadora, madre; algunos son cuentos divertidos o chuscos, otros, una mezcla de alegría y dolor ante la muerte. Algunos representan la crudeza del sufrimiento que soportan las madres de hijos desaparecidos, de feminicidios, sucesos de represión institucional. Considero que el libro tiene una estructura abierta y libre, por lo que el lector puede darle un orden propio. Platicar, leer y escribir se han convertido, a lo largo de mis nutridos años, en un pasatiempo y una forma de vida, que ahora comparto. Es el inicio de otras historias que se anidan en la memoria, con personajes vivificantes que el momento demanda, lo cual puede dar pie al surgimiento de otros escritores, quienes tendrán mucho que contar y, a su vez, ayudará a reconstruir con otros fragmentos, otras visiones y nuevas narrativas. Tejer la Historia.

Margarita "Mariposa" Quiroz

HISTORIAS QUE TEJEN LA HISTORIA

He tenido la fortuna de contar con grandes amigas, algunas lo son porque somos familia, otras porque coincidimos en edad, intereses e ideas, pero las protagonistas de este relato hemos tenido en común el gusto por las letras: *Letras que tejen historias, historias que forman la Historia.*

Dedicado a mis colegas profesoras: Malbina Robles Robles y a Yolanda Sánchez Ogás, mujeres comprometidas con la promoción de la cultura, que han dejado huella en la historia de la educación de Mexicali, nuestra capital, de Baja California, y del país.

Yolanda Sánchez Ogás es la cronista del valle de Mexicali, título que le fue otorgado desde hace más de dos décadas; ha escrito varios libros, como es de suponer casi todos de Historia. "Yo no soy escritora, soy una profesora a quien le gusta escribir y a quien le apasiona la Historia" se autodefine con sencillez.

Mi amiga, Malbina Robles Robles era una profesora normalista que estudió y se tituló ya trabajando en la docencia, en escuelas públicas de primaria y secundaria, la carrera en Pedagogía en la UNAM, en la Ciudad de México. A su regreso a Mexicali, continuó su trabajo como docente en la Escuela Primaria Netzahualcóyotl, en el populoso barrio de Pueblo Nuevo. A iniciativa de la maestra Malbina, allí se inició la Feria del Libro "Netzahualcóyotl", con la participación de toda la comunidad escolar y un intercambio de libros. Al año siguiente fue tanto el entusiasmo que se coordinó a nivel de zona escolar, esfuerzo que prosperó y, por más de 20 años, puso al servicio de la niñez del municipio y del pueblo de Mexicali, la Feria del Libro Netzahualcóyotl, proyecto en el que participaron tanto su esposo, el también profesor Daniel Rosas, como su hija Malibé, y quien esto escribe, la profesora Margarita Quiroz Miranda, entre muchos otros destacados colaboradores, como los maestros: David Monay Quiriarte, el teatrero Ramón Tamayo, Omar Romero Godoy, Pedro González, Ignacio Gastélum Ruiz, la maestra e historiadora Yolanda Sánchez Ogás, Gerardo Cirianni, entre otros. Con orgullo lo decimos, uno de los proyectos más significativos y altruistas en los que tuvimos la fortuna en participar.

Cada vez que disfruto de una taza de café, que sucede todos los días, recuerdo a mi amiga Malbina, y con cada sorbo siento su presencia. Cuánto disfrutamos de aquellas interminables charlas vespertinas sobre la vida, el amor, la familia, la educación y la política en el templo del saber, que era su casa.

El café era toda una ceremonia en casa de Malbina. Café entero tostado y molido, en el mismo moledor que su madre trajera de Cananea. Además, para degustarlo plenamente, tomarlo recién hecho, nada de recalentados, sin azúcar ni leche, como buena sonorense, expresaba Malbina "¡Negro, como mi suerte!". Daniel, su esposo y mi gran amigo, era el encargado de ese menester. Preparar café para todo el día y guardarlo y conservarlo calientito en dos grandes y herméticos termos.

Mi entrañable amiga y mentora, cuando aún se daba cuenta de su trastorno, me dijo: "Magui, no te molestes si ahorita te platico la forma como murió, atropellado en la calle, nuestro perrito, el Negrito y después de cinco minutos te vuelvo a platicar lo mismo, y 4, 5 veces, como disco rayado, te lo vuelvo a platicar". "No me molestaría nunca, amiga querida, Malbina" le dije, "a mí me gustan las historias repetidas, más si tú eres quien las platica". Ese día me retiré apresuradamente a mi casa para poder llorar a mis anchas, dolía ver cómo esa mente brillante lentamente se apagaba, esa maestra, todo conocimiento, toda cultura, diariamente perdía facultades. Hice el propósito de visitarle más seguido.

El deterioro fue paulatino y despiadado, cada día era más notorio, hasta que ya no reconocía a casi nadie, llegó el momento en que hasta se le olvidó comer. El tratamiento más efectivo en esos casos, dijeron los neurólogos, mucha paciencia y mucho amor. Si admiré y quise con ese amor incondicional que une a quienes coinciden en gustos y pensamientos, más admiré el trato que mi amiga recibía de su hija Malibé, amorosa, diligente, siempre atenta con su madre y especialmente reconozco y admiro a Daniel, su esposo y el amor de su vida. Se pensionó para atenderla, complacía todos y cada uno de sus deseos. Una nostálgica Malbina quería viajar a la Ciudad de México y allá iban. Recorrer librerías, las de viejo, en el Centro Histórico, eran sus preferencias. Su gran pasión fue siempre leer, aunque luego ya no lo pudiera hacer. Recuerdo perfectamente que bajaba libros de su extensa biblioteca, limpiaba sus portadas, los sacudía y luego los dejaba en montones sobre la mesa, sobre el piano o dispersos por toda la casa un diligente y eficiente Daniel la atendía amorosamente.

Día y noche siempre estuvo al tanto de su salud, hasta que el olvido llenó todas sus neuronas. Malbina, la maestra que suspiraba letras, la tallerista que reunió los pensamientos hechos cuentos y poemas de sus alumnos de la escuela Netzahualcóyotl en los *Botones literarios*. Malbina la maestra preparada, literata sensible, que abría conciencias a través de la lectura y escritura en alumnos y maestras, entre los diferentes espacios y talleres de la feria, su blanca cabecita algodón destacaba entre los asistentes, su presencia parecía multiplicarse, ya incentivando lectura en un grupo de preparatoria, ya impartiendo un taller de escritura a niños de primaria o simplemente narrando el cuento del Medio Pollito, a un grupo de jardín.

Tenía un don especial para convencer a los jóvenes que solo asistían por obligación para aumentar puntos a su calificación de lo importante que era la lectura en su vida. Su trato para con los jóvenes era mágico, no solo salían con más de un libro de la feria, sino que al año siguiente regresaban por más. "¿Recuerda, maestra, que el año pasado vine a la feria porque el profesor de Literatura me obligaba? Pues ahora vengo porque yo quiero, porque me gusta leer y porque sus historias son muy interesantes". Malbina, la hermosa e inteligente maestra, escogió para partir un día histórico, de rebeldía, de lucha, como ella misma, para que nadie lo olvidara, el 20 de noviembre, día que celebramos la Revolución Mexicana.

Con su muerte, dejó un gran hueco en la historia de la educación en nuestra comunidad, estado y país. Se cerró el ciclo de una Feria del Libro del pueblo y para el pueblo, 20 años de promover lectura, escritura y cultura entre la niñez y magisterio de Baja California, la Feria del Libro Netzahualcóyotl. Viene a mi memoria que, en el Parque Vicente Guerrero, donde tradicionalmente se realizaba la feria, en el arco de su entrada decía "Por este umbral cruzan los niños y niñas, futuros escritores de Baja California", Malbina luchó y trabajó incansablemente para que así fuera.

Una solidaria amiga, gran mujer y enorme maestra, cuyo nombre merece estar escrito en los recintos del Congreso del Estado, en las bibliotecas públicas de las escuelas, en los Centros Culturales y, por supuesto, en las ferias. **Malbina Robles Robles**, destacada mujer de letras. ¡Gracias!, ¡honor a quien honor merece!

RETRATO EN SEPIA

Recién cumplí 23 años, ingresé como paciente al área de urgencias del hospital del ISSSTE, 1ro. de octubre, de la Ciudad de México, a donde llegué de vacaciones, ya con el apéndice reventado, lo que me provocó una peritonitis aguda. De emergencia fui intervenida quirúrgicamente. Ingresé, por mi propio pie, como a las 5 de la tarde, y a las 9 de la noche ya estaba entrando a quirófano. Desde ese momento y durante los siguientes 20 días, solo usé la reveladora batita de hospital abierta por detrás, por cierto, muy refrescante. Lo primero que sentí al salir de la sala de operaciones, fue el dolor en el vientre, seguida de la sensación de sed intensa. Luego miré dos depósitos de ambarinos sueros. Recuerdo estar en una sala grande con muchas camillas, el sol se filtraba por la ventana y escuchaba voces y risas, por lo que supuse era personal médico. Reclamé atención, según yo gritaba, pero apenas me salía una entrecortada voz.

—¡Oigan, tengo mucha sed! ¿A qué horas me van a operar?

Una enfermera dijo:

—Ya le operaron, se encuentra en sala de recuperación, está pasando el efecto de la anestesia.

—¡No puede ser, me duele mucho! A lo mejor ya me morí y no me quieren decir. ¡A ver, pellízqueme!

Obediente, la enfermera lo hizo, y allí sí grité: "¡Ay!" Sí, estaba viva.

Vale decir que en ese entonces no tomaba nada de bebidas espirituosas, ni vino, ni tequila, ni cerveza No cabe duda de que cuando estamos enfermos nos ponemos necios nos comportamos como niñas caprichudas y decimos cada cosa:

—¡Oiga, tengo mucha sed, deme agua!

—Lo siento reina, eso no es posible —contestó paciente y amablemente la enfermera.

—¡Pero si tengo la boca agrietada de tan seca! ¿Sabe qué? ¡Quíteme esos sueros y póngame una caguama, eso sí quita la sed!

Recuerdo sus risas.

—¿Caguama? ¿Qué es eso? ¿Tal vez la tortuga marina?

—Nooo, señorita, una cerveza Tecate grande y fría.

—¿Pues de dónde eres muchacha?

—De Mexicali —contesté orgullosa.

—¡Ah, con razón!

—¡Pero no me dieron agua!

Estuve grave como toda una semana, la fiebre me provocaba delirios. Ante la emergencia, mis padres viajaron de Mexicali a la capital del país para cuidarme. A mi familia le dijeron, "solo tiene un 10% de probabilidades de vivir". En otras palabras, les explicaban que su hija ya casi era difunta.

¡Cuánto sufrieron mis viejos entonces! El doctor daba las indicaciones: "Por lo pronto tiene que levantarse, caminar ayuda a que la infección ceda". También debe bañarse diariamente, "pero ¿cómo si estoy más inflada que los globos que venden en la Villa de Guadalupe? ¡No, no voy a poder!"

A pesar de las atenciones y cuidados me puse necia, y un día caprichosamente decidí no levantarme. Me quejaba de la cama tan chiquita y angosta, me molestaba la luz del ventanal y me quejaba hasta de las preguntas que diariamente me hacía la trabajadora social, además, quería comer, aunque fuera unos tacos de carne asada. Para entonces, me habían puesto 30 sueros de un total de 38. Mi mamá me acompañaba, sin embargo, ese día fue determinante para mi mejoría. Ya era medianoche, dormía profundamente. Soñaba que estaba en un hermoso mar en calma, que nadaba disfrutando de la frescura del agua, me dejaba llevar flotando sobre las olas, de pronto, surgido de quién sabe dónde, miré un enorme cuadro enmarcando la figura de una mujer desnuda y bellísima, todo en color sepia, su larga y ondulada cabellera se movía lentamente con la brisa, sus ojos eran enormes, y su mirada tranquila. Entonces, la mujer bella extendió sus manos hacia mí y, sonriendo, me dijo dulcemente "¡Ven, vamos, te invito a venir conmigo!" El sosiego y placidez que sentía me convencieron de extender mis brazos y, al tomar sus manos, una extraña sensación me estremeció, era como si una placentera escarcha me abrigara al tocarlas.

—¡Que frías están tus manos! —exclamé un tanto asustada, recogiendo las mías hasta mi pecho, cuando descubrí quién era esa hermosa mujer ¡Tú, tú eres la muerte!

La bella solamente sonrió, lenta y suavemente su imagen se desvaneció cuando, intentando alejarme, desesperada, grité "¡Mamá!" buscando su protección, entonces desperté, y ciertamente, la bella mujer que me abrazaba, intentando calmarme, era mi madre, que amorosa me cuidaba, "Seguro tuviste una pesadilla hija, ¡cálmate!" deshaciéndome de su abrazo e ignorando sus palabras, me incorporé, me levanté, agarré mis sueros y muy decidida, le dije: "¡Vamos a caminar! ¡Tengo que caminar!" Una sorprendida y muy preocupada mamá, me siguió, "¡Espera hija, vas muy rápido! ¡Llamaré a la enfermera!", pero yo, como enloquecida e ignorando sus palabras, caminé y caminé por todo el largo pasillo del hospital y... aquí estoy.

HISTORIA ANTIGUA

Imperceptible, casi sin sentirlo, llegó el otoño,

como la diosa Fortuna, de puntitas, sigiloso.

El brillo plateado de sus cabellos advierte

el inevitable y cercano invierno;

amor del pasado que se hace presente,

diario se sientan en la misma mesa

del mismo café... y charlan, se miran

Invariablemente, sin pizca de dulce

toman su café.

No lo necesitan, miel en la mirada,

la sonrisa cómplice aflora en su faz.

Da gusto mirarles, ¿qué tanto se dicen?

¿Quién dice que al tiempo fenece la hormona?

Amor del pasado que se hace presente,

vidas divergentes se tornan vigentes.

Familia tuvieron, parejas partieron...

Ahora son libres, comparten recuerdos, soledad ahuyentan.

Hablan muy bajito, de pronto, él toma su mano

la lleva a los labios, ella, ruborosa,

acepta aquel beso, un destello surge,

la tierna caricia provoca su risa,

Recuerdos, abrazos,

¡mirarles es una delicia!

Un ramo de flores llega sorpresivo

fulgurante aro brilla entre las rosas,

las copas de vino sustituyen tazas de café.

¡Salud por el tiempo que ha transcurrido!

¡Salud por la hormona que ha renacido!

¡Salud por la vida que el amor aviva!

Tras 50 años de inconsciente espera,

Hoy el caballero hace la pregunta,

nervioso, anhelante espera respuesta.

La bella señora, de mirada brillante,

amorosamente

Al fin dijo... "¡Sí!"

TREN DE VIDA

El amor existe y trasciende distancias, límites y tiempo.

Margarita Quiroz

Sofía había experimentado la pobreza extrema viviendo en una ranchería del extenso y fértil estado de Sinaloa. Paula, su madre, era costurera de oficio, a falta de tiendas donde adquirir prendas de vestir, ella se había especializado en confeccionar ropa de varón, desde calzones hasta camisolas y pantalones. A Sofía le gustaba coser, pero ella prefería hacer ropa de mujer. Desde muy niña aprendió tan solo de mirar a su mamá y sus muchas comadres costureras como ella. Así, Sofía aprendió el oficio. Practicaba cosiéndoles hermosos vestiditos a las muñecas de trapo que su mamá le hacía a falta de dinero para comprar las muñecas de sololoy de entonces.

Por decisión propia había dejado de asistir a la escuela, pues no tenía ni para cuadernos; ya había aprendido a leer y escribir, y quería trabajar para ayudar a su mamá con los muchos gastos de la casa. Paula, analfabeta, no consideró importante que se educara, si ella nunca fue a la escuela y aprendió a coser, Sofía no sería la excepción. En cambio, sí creyó conveniente que le ayudara a coser para las clientas mujeres. Paula era pobre, pero tenía un gran corazón, tanto, que sus 10 hermanos y hermanas abusaban de su bondad y frecuentemente le dejaban a los hijos, ya fueran huérfanos o abandonados por sus madres o padres, que se iban a buscar la vida, generalmente al norte del país, en el intento de cruzar a trabajar a Estados Unidos, era el sueño de muchos, trabajar al otro lado de la frontera, cruzarse la línea internacional, casi siempre como ilegales. Paula criaba, alimentaba y crecía a esos niños y jóvenes y, entonces, ya formados, regresaban por ellos, o bien, ellos repetían la historia, y a veces, ingratitud plena, se iban y ni las gracias le daban.

Sofía confeccionaba los vestidos que estrenarían las muchachas de los pueblos cercanos, pues, como era costumbre, todos los sábados había baile, y todos los sábados estrenaban vestido. Era muy creativa, y con solo ver el vestido en alguna muchacha, ella lo igualaba y hasta mejoraba. Era muy raro que asistiera a los bailes, pues casi siempre vestía de negro, luto obligado, debido a los muchos parientes de su mamá que, aún lejos de su comunidad, fallecían. Ancestrales costumbres de los pueblos. A Sofía no le importaba mucho, además se distraía, ganaba un poco de dinero y su creatividad se explayaba. Tenía ya muchas clientas.

En la ranchería no había ni tiendas ni restaurantes, y era común que algunos trabajadores del campo que iban de paso solicitaran comida en alguna casa. Así fue como llegaron a casa de Paula y Sofía unos rancheros, entre ellos Luis Fonseca, el cacique de la zona. Sofía era muy bonita y muy reservada, siendo hija única, lo que ganaba era para sostener a su mamá, y a un rosario de sobrinos y primos que nunca faltaban en esa casa. "A ver cómo te las averiguas Paula, cuando pueda te mando algo de dinero", pero pocas veces sucedió eso. Por fortuna, Sinaloa era y es pródiga en alimentos: mangos, frijoles, quelites, verdolagas y papayas no faltaban.

Así que atendieron a aquellos rancheros hambrientos. Fonseca inmediatamente le *echó el ojo* y ese día la vida de Sofía cambió drásticamente. El osado joven fue rechazado por Sofía cuando le propuso que fuera su mujer, así de la nada. De sobra sabían que el susodicho tenía familia y más de una, esposa o amante e hijos regados por todas partes. Desairado y enojado se retiró, pero, prepotente como era, no se quedó contento y, organizando a sus trabajadores, cómplices de sus fechorías, llegada la noche, se *robó* a Sofía, práctica común entre muchos de los hombres del campo, llevarse a la muchacha que les gustara sin matrimonio de por medio. Prácticamente las ultrajaban y, comúnmente, las abandonaban. Así, esos hombres presumían que eran muy *machos*, pues tenían muchas mujeres e hijos en todas partes. Si había embarazo como consecuencia del ultraje, la responsabilidad y el descrédito era para la chica en cuestión, al varón, aunque hubiese demanda de por medio, no le pasaba absolutamente nada. Más bien, los celebraban, les llamaban conquistadores.

No se la llevó con él, le retiró la oferta de hacerla su amante, era la revancha por el desprecio. La naturaleza es insondable, esa única ocasión en la que Sofía fue violentada, quedó embarazada. La familia, después del suceso, ni reclamó por temor a que aquel tipejo cumpliera sus amenazas de matarlos si lo denunciaban a las autoridades.

Así, llegado el término, nació Estrella, la primera hija de Sofía, y era tan luminosa, tan bella como su nombre, y tan parecida a su padre, que cuando llegó la información a los oídos del susodicho, quiso ir a conocerla. Ahora Sofía, además de ser madre, era una mujer devaluada que ya no podría aspirar a que alguien se casara con ella, lo que, en esa época, era la única forma de salir *decentemente* de casa. En el habla coloquial, significaba salir de "velo y corona", esto es, casada, acta de matrimonio de por medio, pero, principalmente, casarse por la iglesia, casta y pura, vestida de blanco. Sofía, ya usada como mujer, ya no valía para casorio.

Nicolás era un señor que, buscando la vida, había llegado de su natal Michoacán a esas tierras sinaloenses. Ya había trabajado como cocinero, chofer y comerciante, fue en esa condición que se convirtió en *fayuquero*, así se les decía a quienes vendían casa por casa, ranchería tras ranchería productos que la gente no podía adquirir en las alejadas tiendas de las poblaciones más grandes. Las mercancías que ofrecían iban desde cerillos, velas, telas, ollas, hasta cobijas y ropa que vendían en abonos. Don Nicolás conoció así a Sofía y a doña Paula. Les vendía *cortes* (telas), hilos, agujas, y hasta máquinas de coser.

Siempre le llamó la atención que aquella joven madre, casi siempre vestida de negro, nunca asistiera a las festividades del pueblo, siempre pegada a la máquina de coser. Era mucho mayor que ella, pero eso no impidió que la cortejara. A Sofía no le era indiferente, pero tenía mucho miedo a Fonseca, este continuaba visitando esa casa, y con cada encuentro, la embarazaba.

Cuando Fonseca conoció a la pequeña Estrella, le propuso a doña Paula, mamá de Sofía, mantener a su familia, y que podría considerar que Sofía ya era una de sus mujeres. La *plebita* de verdad estaba muy bonita. A Sofía no le preguntaron, hicieron el trato como quien compra algo, un caballo, una vaca, un carro. Doña Paula no era mala persona, pero tenía muchas bocas que alimentar y aceptó. De esa forma, cuando Fonseca llegaba a la ranchería, la usaba y se iba. Así nacieron las otras dos niñas, Inés y Gloria, tan lindas y gentiles como Estrella. Sofía, sin deseo alguno, se convirtió en amante de Luis Fonseca, un macho que además de tener celos enfermizos, la maltrataba y hasta llegó a golpearla cuando se negaba a tener relaciones con él. Sufría en silencio, estaba sola, nadie le ayudaba y su gran escape era coser y coser incansablemente. Por ello, por el miedo a Fonseca, rechazaba a Nicolás, sin embargo, expresa el dicho que "el que porfía, mata venado", el galante *fayuquero* realmente se había enamorado de Sofía y continuaba cortejándola.

Esa tarde de verano, las amigas de Sofía habían ido por sus costuras para el baile del sábado. Era la fiesta de Nuestra Señora del Rosario.

"¡Anímate, vamos!" le dijeron sus amigas Luisa y Eliza. Doña Paula también la animó, al fin que ningún familiar había fallecido y podría usar un vestido estampado, le dijo que ella cuidaría de las niñas.

Por fin, Sofía aceptó salir. Allí se encontró con Nicolás, el *fayuquero* quien, contento, la invitó a bailar y beber algo. Poco acostumbrada a bailar y a nunca tomar, Sofía se sintió mareada, así que se sentó, mientras Nicolás le reiteraba la propuesta no solo de ser novios sino de matrimonio. Sofía se sentía feliz, por fin podía expresar que aquel hombre le gustaba y que estaba dispuesta a enfrentarse a Fonseca e irse con Nicolás que la aceptaba con todo y las niñas. Por primera vez se sentía mujer, alguien la amaba y ella correspondía. Insondable naturaleza, sentimientos contenidos dieron paso a la pasión, la mágica flama del amor les encendió, una ilusionada Sofía se dejó llevar por ese sentimiento, la vida, por breve que fuera, le ofrecía la oportunidad de salir de la monótona situación de infelicidad que padecía.

Después de esa feliz noche, llamaron de urgencia de Michoacán a Nicolás. Su padre había fallecido. Partió y permaneció allá tres meses arreglando asuntos de tierra y herencia de propiedades. En ese lapso, Sofía se enteró de que estaba embarazada por cuarta vez. Un intenso y comprensible miedo se apoderó de ella, prefirió escapar y emanciparse, que esperar a sentir la furia de Fonseca, si ya la golpeaba y ultrajaba, seguro la mataría al enterarse de su *tropiezo*. Sacó fuerzas de flaqueza.

Sofía nunca había salido de su ranchería, y tal vez nunca lo hubiera hecho si no sintiera, no miedo, sino terror de que Fonseca se enterara de su "infidelidad". Tarde llegó la carta de Nicolás donde le explicaba su situación y reiteraba su promesa de matrimonio. El tiempo corría y pronto sería imposible ocultar su embarazo. Decididamente, tendría que irse, temerosa de dejar a sus hijas desprotegidas por la que especulaba sería la violenta reacción de Fonseca. Avisó por carta al Tío José, hermano de su mamá, que tomaría el tren en Estación Bamoa, rumbo a la fronteriza ciudad de Mexicali, Baja California.

La naturaleza es inescrutable, producto de aquel único encuentro amoroso de Sofía y Nicolás, de aquella única ocasión de entrega, la fértil naturaleza de Sofía gestó a otra niña, Miriam. Sofía solo sabía hacer niñas, y muy bonitas. Su futuro era incierto, pero estaba dispuesta a enfrentar cualquier reto para que sus hijas estuvieran bien. Su único instrumento de trabajo es que sabía coser como los propios ángeles. Confiaba en que trabajo no le faltaría. Había estado cosiendo y ahorrando cada centavo los últimos 3 meses para completar para el pasaje. Tenía miedo, pero estaba decidida a no sufrir más ultrajes de aquel tipo, padre de sus hijas, el tal Luis Fonseca. Sentía también una gran desilusión al no tener noticias de Nicolás. Realmente estaba desesperada. Se sentía burlada una vez más.

Corría el año de 1944, Mexicali era una población fronteriza de reciente creación, el reparto agrario había provocado que gente de muchos lugares de la república acudieran en busca de trabajar la tierra. El algodón era su principal cultivo, tanto que, en esa época, la fibra producida allí, era de tal calidad que le decían el "oro blanco". Era una población en pleno crecimiento y, lo más importante, había trabajo, escuelas y hospitales. Ya estaba decidida, al día siguiente dejaría el pueblo, era apremiante para ella abandonar ese lugar. Sofía, acompañada de quienes habían sido su posesión más querida, sus tres hijas: Gloria, de 3 años; Inés, de 5, y Estrella, de 6, emprendieron camino hacia Mexicali, buscando una mejor forma de vivir, además, estaba lo otro, la verdadera razón de su huida. No se sentía lo suficientemente fuerte para enfrentar su realidad en aquella perdida población serrana de Sinaloa.

Cuando llegó a Mexicali, Sofía supo, primero, lo que era el frío, por fortuna había viajado con un par de cobijas, y, segundo, supo lo que era la solidaridad, pues otras familias, que como ella iban en búsqueda de oportunidades de vida y trabajo, le prestaron suéteres para las niñas. Ninguno poseía más que los otros, y lo poco que tenían, lo compartían con gusto. Sofía llevaba de *lonche* coricos (galletas hechas de maíz), empanadas, tacos de frijol y guamúchiles deshidratados, sabrosos y nutritivos frutos de los árboles del mismo nombre que abundaban en su natal Sinaloa, solo los hidrataba con poca agua y disfrutabas de un buen alimento. Con gusto los intercambió con las otras familias viajeras.

El tío Pepe pasó por ella a la estación del tren, pero nos faltaba decir que el tío, prolífico, tenía 10 hijos que mantener. Inmediatamente Sofía se puso a trabajar en su casa, ya haciendo comida, ya lavando y planchando ropa y, por la tarde, aunque cansada, comenzó a coserle a la tía, a sus hijas y a las vecinas. Pronto se enteraron en el barrio y el trabajo no le faltó. Cuando la máquina de la tía se descompuso, prácticamente rentaban a Sofía para que cosiera casa por casa a toda esa familia en turno. No había recursos suficientes para comprar *ropa hecha* en las tiendas. Así ahorró Sofía lo suficiente para rentar una casita y comprar una máquina de coser. A pesar de eso, las cosas se le complicaban, era inminente el alumbramiento de la que sería su cuarta hija, y no completaba para el pago del hospital.

En la vecindad, entre otras muchas personas, llegaron dos jóvenes, Francisco, mejor conocido como Paco, y Felipe, su hermano, mismos que habían sido deportados de Estados Unidos por carecer de documentos legales. Habían conocido al Tío Pepe trabajando en los *files*, parcelas, de Calexico, California. Surgió una buena amistad con el tío Pepe, a quien agradecían les ayudara a conseguir dónde vivir.

Les llamaba la atención aquella bella sobrina de Pepe, que cosía de la mañana a la noche y solo, se levantaba de la máquina de coser para llevar y traer a la escuela a Estrella e Inés, y para atender a Gloria, la pequeña. El tío les compartió su preocupación, pues Sofía, estaba por parir, y ni ella ni él tenían suficientes recursos para la atención médica.

Ambos hermanos se ofrecieron a ayudarles, no traían mucho dinero, pero podrían solventar la situación, además, las vecinas, amigas de Sofía, también fueron solidarias. De esa forma nació Miriam, una hermosa y saludable niña, la hija de Nicolás y Sofía. Paco se enamoró de aquella linda y trabajadora costurera, y le propuso matrimonio. No podría regresar a California, pero había conseguido trabajo en una ranchería del valle de Mexicali. Dice el dicho que "nunca falta un roto, para un descosido", "si aceptas, Sofía, nos iremos a vivir al rancho, pero no te faltarán alimento ni educación para tus hijas." Sofía aceptó y se casó con Paco, aquel decidido aprendiz de agricultor. Prolífica como era, Sofía justo al año siguiente tuvo a su primer hijo varón, Francisco, como su padre, y le siguieron, Leticia, Daniela, Sara y, el último de la prole, Rodrigo. Por su parte, Nicolás se estableció como comerciante en el puerto de Mazatlán, también, ley de vida, al no poder localizar a Sofía, su inolvidable amor, se casó, y más de una vez, tal vez tendría 10 o 12 hijos con 3 mujeres diferentes, eso sí, responsablemente a todos los atendía y les daba educación.

Sin embargo, una de las amigas de Sofía, Luisa, al encontrarlo por casualidad en el puerto, le había comunicado que tenía una hija con Sofía, que se llamaba Miriam y, para comprobarlo, le envió por correo una foto tomada junto a la abuela Paula. La niña Miriam tendría entonces unos 4 años. Esa foto adornaba desde entonces la sala de la casa de don Nicolás.

El tiempo pasó, no sin muchas dificultades; el matrimonio de Sofía y Paco prevaleció, vivieron en diferentes ejidos y colonias del valle de Mexicali hasta que, obligados por dar estudios a los hijos, se establecieron en la calurosa ciudad de Mexicali. A todos les dieron estudios, la mayoría eran maestros, pero una de las mujeres, Sarita, decidió estudiar sicología, y el menor de la familia, Rodrigo, estudió agronomía. Miriam estudió para maestra, siguió su vocación, pero creativa y trabajadora como su mamá, la costura era y es su pasión. La vida nos muestra caminos, y en ellos hay encrucijadas. Así sucedió con Miriam, quien, con Alfredo, maestro como ella, procreó 4 hijos, un varón, Orlando, y tres mujeres, Daniela, Carmen y Sandra. Carmen, la segunda hija de Miriam, de profesión enfermera, contrajo matrimonio con Pedro, un joven abogado originario de Mazatlán, Sinaloa. Celebrando su luna de miel, viajaron a Mazatlán y, de paso, fueron a visitar a la familia. ¿Casualidad, coincidencia? La familia de Pedro era vecina de don Nico. Cortésmente Pedro llevó a presentarle a Nicolás, a Carmen, su esposa. ¡Cuál sería la sorpresa de ella, cuando lo primero que vio en la sala fue la foto de su mamá!

—Pero ¿qué hace aquí la foto de mi mamá con mi bisabuela, Paula?

La sorpresa de don Nicolás fue mayúscula ante el comentario de la joven esposa de Pedro. Casi le da un infarto de la impresión.

—¡Así que tú eres mi nieta!

—¿Nieta suya?

Ahora el asombro era todo de Carmen. Pedro se quedó sin habla. Aunque él había nacido en Mazatlán, su familia era originaria del mismo lugar que Sofía, incluso a sus tías, Sofía les había confeccionado ropa. Todo era sorpresa, alegría y recuerdos. A grandes rasgos, don Nico platicó su versión de la historia. Carmen, quien, como casi toda la familia, ignoraba todo, no salía de su asombro. Para ella, como para todos sus hermanos, tíos y primos, solo existían su abuela Sofía y el abuelo Paco. No podía creer la historia que don Nicolás platicaba con tanta seguridad. Estaba descubriendo aquel tan bien guardado secreto de familia. Su mamá tenía un padre biológico, su abuela Sofía tenía un pasado, y ese señor, don Nicolás, resultó ser su abuelo.

Las preguntas iban y venían.

—Dime ¿dónde vive tu mamá, o sea, mi hija Miriam? —y seguidamente, preguntó con ansiedad y poco o nula disimulada emoción—. Por favor, dame razón de ella, de la mamá de Miriam, de Sofía. ¡Qué mujer tan bonita! ¡Siempre en mi recuerdo! ¡No tienes idea de cuánto las busqué! Sus familiares solo me informaron que se había casado con un colono, que no sabían en dónde vivían, no tenían su dirección. Las cartas que le envié a Sofía desde Michoacán se me regresaron. ¿Vive Sofía?, ¿Cómo se encuentra? —Era una avalancha de preguntas.

—Sí, vive en Mexicali, está muy sana y muy bonita como siempre ha sido mi abuelita —y acertó a precisar—, vive con mi abuelito Paco.

—¡Ay, mija, eso no importa, yo también tengo esposa y dos hijos hasta más jóvenes que tú! Lo importante es que, después de tanto tiempo, he encontrado a mi hija primera. ¡He encontrado a mi hija! —gritaba alborozado—. ¡Cuánto deseo conocer a Miriam! —y suspirando profundamente exclamó—, ¡No tienes idea cuánto las he buscado! ¡Qué satisfacción siento de poder conocer a mi hija, y ojalá pudiera volver a ver a Sofía!

Carmen, entusiasmada por la historia de su abuela y descubriendo el secreto de que su mamá tenía otro padre, el biológico, colaboró con los preparativos. Fueron meses de emociones muy fuertes para la familia. Se convocó a todos a una reunión: hijos, hijas, esposos, esposas, nietos, bisnietos, a todos. Carmen preguntaba si el abuelo Paco estaba enterado. Estaban todos temerosos de su reacción, pero ya para entonces el abuelo Paco estaba más allá del bien y del mal, claro que él sabía toda la historia pero en aquel entonces no le importó que Sofía tuviera tres hijas y que naciera una más de otro hombre; él sabía lo que tenía, se había enamorado de una mujer que le cautivó por su gran responsabilidad, buen corazón, simpatía y belleza, se enamoró de la abuela Sofía por ser trabajadora, inteligente y abnegada, entregada a la familia, aunque, tenemos que admitirlo, no de muy buena gana aceptó que Sofía fuera a acompañar a Miriam a fin de que conociera a su padre biológico. Con los ojos húmedos por las contenidas lágrimas expresó: "es su derecho, ella merece conocer a su padre". Hizo de tripas, corazón y accedió a que Nicolás viniera a conocer y reconocer a su hija Miriam y se encontrara con Sofía, su mujer.

Un ilusionado Nicolás, a sus 94 años, viajó, conduciendo él mismo su camioneta, acompañado por el menor de sus hijos, Adán, un jovencito de apenas 18 años, que más parecía su nieto. Le emocionaba conocer a su primogénita, y, especialmente, reencontrarse con la que, confesó, fue el amor de su vida; Sofía, aquella joven costurera que sufría las vejaciones del mujeriego cacique llamado Luis Fonseca, aquella mujer a la que nunca olvidó.

Por su parte, Sofía, al pensar que le recriminarían por tener un pasado, se enfrentaba a lo que siempre fue su mayor miedo: que sus hijos e hijas descubrieran el secreto de que Miriam, aunque reconocida por Paco, no era hija de él. Tenía miedo a la crítica y al rechazo de sus hijos.

Debemos decir que para Miriam no hubo sorpresa, Sofía, en un momento de su vida escolar, le confió su origen. Le mostró su acta de nacimiento, donde al calce se reconocía como hija de Francisco. Fue muy duro para Miriam enterarse, le costó muchas lágrimas asimilarlo, pero ambos, Paco y Sofía, hablaron con ella y entendió los temores de sus padres. Ante los acontecimientos, ella también estaba expectante, pues desconocía que Nicolás le había buscado por mucho tiempo. Cuando al fin le conoció, entendió por qué su hijo mayor, Orlando, tenía 1.90 de estatura, su tez morena, su cabello rizado y su temple, era la viva imagen de Nicolás, su padre biológico. Fue muy gratificante para ella conocer al fin su origen y saber que era amada por dos padres: Paco y, a la distancia, Nicolás, ahora presente.

Sofía tenía miedo de enfrentar esa verdad. Había vivido con grandes prejuicios, en comunidades donde las mujeres eran constantemente devaluadas, criticadas, violentadas y abandonadas, pero, por fortuna, nada de eso pasó. Era prueba de fuego para Paco y Sofía como padres, ¿los juzgarían, los rechazarían? Pero habían formado hijos e hijas conscientes que entendieron su complicada situación, comprendieron el desamparo, abandono y abusos experimentados y, si se quiere, admiraron, respetaron y amaron aún más a Sofía y a Paco.

Todos fueron muy respetuosos del encuentro entre esos 3 seres que se encontraron, hablaron y reconocieron. Al final de cuentas, era el amor el que los había enlazado. Solo ese, el más noble de los sentimientos, habitaba en sus corazones: el amor.

—Siento que el corazón se me sale del pecho —declaró don Nicolás, lanzando un gran suspiro—. Había esperado tanto este momento, conocer a mi primogénita, volver a ver a Sofía, mi gran amor, que ahora, al cumplirse mi sueño, un sueño que ya cría irrealizable, ya puedo morir en paz...

Y lo cumplió. Don Nicolás falleció a los 95 años, justo uno después de aquel sensible y memorable encuentro. Toda la familia de Miriam acudió al funeral. El cielo lloraba rítmicamente al despedirle.

Sofía y Paco continuaron su apacible vida por muchos años más, agradeciendo a dios el haberles prodigado la satisfacción de haber formado, con todas las problemáticas de una familia que, en relativa armonía, crecieron y se formaron como verdaderos hermanos, sin distinciones. Eran rubios, morenos y trigueños, altos y no tan altos, delgados y robustos, como dijera la abuela Paula: "de chile, de sal y de manteca", como los tamales, pero todos generados por la misma matriz. Eran hermanos y hermanas, y punto.

Ellos, las y los hijos de Sofía, pudieron ver crecer a su familia en hijos, nietos y bisnietos que continúan viviendo y siguiendo los principios inculcados por los abuelos. Paco partió primero que Sofía, a los 87 años de edad. El amor y tenacidad de Sofía, la matriarca de la familia, continuaron protegiendo a esa familia mucho tiempo más, pero ¿coincidencia, casualidad o eso que llaman destino? Sofía dejó este plano de existencia al cumplir los 95 años de edad, y el cielo lloraba.

RECUERDOS ENLAZADOS

Los docentes ignoramos hasta dónde podemos influir en la vida de nuestros alumnos.

Margarita "Mariposa" Quiroz

Para el pórtico de una escuela... anónimo.

De este plantel no cruce los umbrales quien venga aquí con fines comerciales, quien venga por cumplir, o por rutina o por ganar tan solo su jornal, y no comprenda la misión divina que es el noble ejercicio de enseñar.

Orgullosa estoy de ser maestra, tuve la mejor profesión y además me pagaron por disfrutar de mi trabajo. Desde siempre he pensado que la docencia es la mejor de todas las profesiones; trabajamos con mentes, con emociones, nos enfrentamos a la vida y su rudeza, y sin siquiera darnos cuenta, somos transformadores no solo de la vida de nuestros alumnos(as), también de la comunidad, y allí, de pasadita, también de la nuestra.

En nuestro caso, a la edad en la que los jóvenes comienzan *a salir del cascarón*, irse de fiesta, desvelarse, hacer travesuras, vivir la vida, nosotros ya éramos gente de provecho, gente productiva, ejemplo para los demás. Como tatuaje, el maestro Márquez nos machacaba a diario la frase: "No, mi niño, usted se debe a los niños y niñas, deje los problemas personales fuera del salón de clases, cuando cruce el umbral ¡usted es maestro, usted es maestra!

¿Que por qué digo esto? Pues porque a lo largo de nuestra vida nos hemos encontrado con exalumnos que escogieron profesión inspirados por nuestro trabajo. Una de ellas es Etzikey Beltrán Legy, fui su maestra desde 1ro. de primaria hasta 6to., exceptuando 5to. grado. De profesión ingeniera industrial, de vocación, maestra y escritora. Los cuentos e historias platicados en clase le provocaron, declaró, que ella creara los propios. La alumna supera a la maestra. Ella fue quien nos encauzó con la maestra Graciela Espinoza para tomar el taller de escritores en Global Design. Una profesora, como yo, ignora qué surgirá de aquellos seres en formación, algunos que me he encontrado han seguido mis pasos, otros son profesionistas, médicos, licenciadas, empleados, varios bomberos y hasta policías, pero casi todos, me enorgullece decirlo, han destacado en sus trabajos, y también como padres y madres de familia. La docencia sigue siendo, para mí, la mejor profesión, que existe.

¡PRESENTE!

Rojas nochebuenas adornaban los rincones del restaurante oriental donde nos dimos cita los ex–alumnos de la Generación 1966—1969 de la Escuela Normal Urbana Federal Fronteriza de Mexicali, ahora BENUFF.

Debo reconocer las grandes artes detectivescas de mi amigo Vicente Valtierra, Cuauhtémoc para los cuates, quien, personalmente y por teléfono, insistió para que organizara el encuentro, a petición de los cómplices compañeros Jesús Topete y Martín Palacios, el primero, reconocido maestro y locutor de radio que creara el primer programa infantil en Tijuana, donde a la fecha reside, y, el segundo, reconocido poeta y artista plástico en Baja California y allende la frontera, California, Arizona, Nuevo México, conocen de su obra. La característica principal de Martín es enrojecer a la menor provocación, si contento, abrumado o enojado, su tez se torna roja. Chente quien es, además, el músico rockero del grupo, para convencerme de realizar el encuentro, me enumeraba la lista de quienes ya se habían ido, "¡ya nos estamos yendo, Magui! Amiga, hace 40 años, tú nos convocaste y recuerdo muchos asistimos. Mira, ya será como una docena de ausentes de un total de 56 alumnos". Ese argumento fue muy convincente. Veremos, pues, quién dice "¡Presente!". Esta fue la conversación:

—Bueno, Magui, ¿sabes quién te habla?

—No, ¿quién eres?

—¡Pues Cuauhtémoc!

—¿El ingeniero Cárdenas? ¡Qué sorpresa, ingeniero! ¡Es un honor para mí que me llame el mismísimo hijo del Tata Lázaro!

—¡No hombre, Magui, soy Vicente Valtierra, tu compañero de la escuela normal! —Ya sabía, Chente, te reconocí de inmediato, —ambos reímos de su ocurrencia. Así, después de 47 años nos citamos, como buenos mexicalenses, en un restaurante de comida china.

Por la distancia entre la larga mesa, esos quince excompañeros se agruparon en pequeños corrillos, pero queríamos enterarnos de todo, así que constantemente interrumpíamos la conversación de unos y otras.

Las palabras cruzaban la mesa de extremo a extremo, algún recuerdo era atajado por una nostalgia, alguna tristeza se diluía avergonzada por sonoras carcajadas. Una experiencia compartida desencadenaba otras, e irreverentemente interrumpíamos a quien fuera, tal era el ambiente de camaradería y gusto por vernos y sobre todo por estar, sí, medio achacosos y canosos, pero más gustosos de estar y decir "¡Presente!"

Un compañero recién jubilado como inspector, Pepechuy Topete pide atención y comienza a platicar el secreto mejor guardado por casi 50 años. Me acusaba a mí, esta buena y solidaria compañera, de haber cometido *bullying* contra su frágil persona cuando estudiantes. Le interrumpí, "¡Ni al caso, son cosas del pasado!" Pero Pepe Chuy estaba empecinado en relatar la supuesta agresión que sí recordé, pero no quería la platicara, era *top secret*.

En la anécdota, como en toda historia, existe un antecedente y una consecuencia. Van los antecedentes y la conclusión. El primer año de normal, yo doné un pavo para rifarlo como actividad para hacer el festejo navideño.

Mi nana, Luz, abuela paterna, vivía en el ejido Aguascalientes, para más señas, para nosotros, sus nietos, su casa era como el paraíso terrenal. Aún sueño con la huerta que, junto con mi abuelo, Cruz forjaron a un lado de su casa. Aún hay aromas y sabores que me remontan a esa feliz infancia. Granados, higueras, vides, calabacitas, dátiles, melones, sandías y un gran etcétera forman parte de mi bagaje familiar. Pero lo más significante de esa casa era la cocina, con su enorme y negra estufa de leña, de donde salían las deliciosas tortillas lo mismo de maíz que de harina, donde cocinaban igual un pastel que unas empanadas, los aromáticos tamales de elote o bien un rico caldo de gallina; solo iba al gallinero y ¡zas!, a la vuelta y vuelta sacrificaba a la escogida, ¡pobrecita! ¡Pero qué delicia! Sin embargo, con lo que más nos deleitábamos era con el mole, un delicioso mole de guajolote que, como todo, ella criaba, engordaba y despescuezaba para preparar esa delicia culinaria, receta guanajuatense, su lugar de origen.

Pepechuy, a decir de él mismo, nunca en su vida había sacado un premio, pero su boleto fue el premiado con un suculento pavo. Mi nana Luz criaba gallinas y guajolotes, así que le solicité me obsequiara uno para la rifa. "Ni te preocupes, mija", me dijo el abuelo Cruz, "nosotros te lo llevamos temprano". Así lo hicieron, viajaron desde el ejido, distante en esa época por lo menos a una hora de camino. Tranquilamente me fui a la escuela, y a la salida, le dije a Pepe Topete que me acompañara a mi casa, para entregarle la susodicha avecilla.

Llegamos y cuál no fue mi sorpresa que mi nana no había llevado uno, sino dos pavos para que yo escogiera el que más me gustara. Mi nana quiso quedar bien, pero me metió en tamaño problema, pues los tales güíjolos estaban ¡vivos! Sinceramente, en este punto, creo que lo borré de mi memoria de tan avergonzada que estaba, el sonrojo de Martín era pálido en comparación a mi morena tez, que casi casi se tornaba no roja, sino guinda.

Hasta el 14 de diciembre de 2016, este episodio fue *top secret*, hasta que Topete, a voz en cuello, relató las vicisitudes pasadas por semejante y "vivaracho" premio que hubo de llevarse en un costal. ¿Que sabía yo de que el pájaro tenía, además de vida, pensamiento propio y que presintiendo su inminente deceso se defendió como gato panza arriba? Yo solo entregué el premio. ¿Cómo enterarme además de la aventura que fue tomar dos autobuses para llegar a su casa? Tampoco imaginé que el ave en cuestión pretendiera escapar y volara por todo el autobús, picoteara a Topete, lastimara a una señora con su aleteo incesante y tuvieran que corretearlo por todo el autobús y parte de la calle, cuando se bajó en su colonia, con el beneplácito de todo el pasaje y hasta del chofer. Ahora que lo pienso, ¡pobre Topete! ¡Qué aventura!, ¡dos autobuses, un costal, un ave grande, gorda, inquieta y pensante! Cuánto lo siento querido amigo, mil tardías disculpas por lo sucedido, por la ocurrencia de mi nana y las "travesuras" del guajolote. Sin embargo, y, dicho sea de paso, cuando el pavo irremediablemente pasó a ser cena, segura estoy, estaba sabrosísimo porque ¡así era todo lo que preparaba mi nana Luz!

CUAUHTÉMOC

¿**P**or qué Cuauhtémoc? Una de las primeras ocasiones, como a los 10 años de egresados, en que me llamó Vicente Valtierra para organizar un primer encuentro de egresados, me dijo:

—Hola, Magui, te llama Cuauhtémoc, tu compañero de la normal.

—Lo siento, está equivocado, no tengo ningún compañero con ese nombre, voy a colgar.

—No, no cuelgues, disculpa la broma, soy Chente Valtierra, recuerda que hasta me declamaste —solté una sonora carcajada ante el recuerdo.

He aquí la explicación de esa simpática anécdota. Segunda semana de normalistas, aniversario de la Esc. Primaria Cuauhtémoc, la primera escuela construida en Mexicali, cuya fundación data del 16 de septiembre de 1906, y que actualmente es la Casa de la Cultura de Mexicali. El maestro de Técnica de la Enseñanza, Domingo Márquez Sánchez, que gustaba de formar cuadros plásticos con cuanta fecha se presentara. Vicente Valtierra, moreno, atlético, pelos largos y lacios, alumno normalista. Magui, o sea yo, declamadora, a quien solo dos días antes le dijo el maestro en cuestión "apréndase este poema de memoria, usted lo recitará". Así, por las buenas, ¡órale!, hice mi mejor esfuerzo. "Ojalá no se me olvide algún verso", pensé entonces.

Ceremonia en la explanada de la escuela. Empiezo a declamar: "Solemnemente triste fue Cuauhtémoc..."

Clima ventoso y frío que impedía que la capa del héroe se quedara quieta. Chente, con penacho y todo, era la estatua a ¡Cuauhtémoc!, ¡era el monumento nada menos que del último emperador azteca, aquel a quien Cortés quemara los pies... imposible que se moviera, era una estatua! "Un día, un grupo de hombres blancos se abalanzó hasta él..." seguía yo recitando el poema.

El viento inclemente aceleró, lo que provocó que se aflojara el faldón que cubría el calzón de manta que formaba el taparrabos, "Y mientras el imperio de tal se sorprendía, el arcabuz llenaba de huecos el tropel." Una tímida estudiante le declamaba al héroe de la patria "¿En dónde está el tesoro? ¡Clamó la vocería! Y respondió un silencio más grande que el tropel..."

Suavemente la manta se deslizaba, mientras, en mi juvenil cabeza pensaba "que no se me olvide, que no se me olvide ningún verso", "preso quedó, y el indio que nunca sonreía, una sonrisa tuvo, que se deshizo en hiel". Una ráfaga de imprudente viento levantaba la capa de la estatua viviente. Valtierra, imperturbable, no movía ni un músculo, a pesar del frío y del viento.

"Llegó el tormento... y alguien de la imperial nobleza quejóse." Peligrosamente el taparrabos bajaba. "El héroe díjole, irguiendo la cabeza. «¡Mi lecho no es de rosas!» y se volvió a callar." Mi preocupación ante la inminente caída del taparrabos iba en aumento, pero continué. "En tanto, al retostarle los pies chirriaba el fuego que se agitaba a modo de balbuciente ruego...". Vicente mira que lo miro, ligeramente mueve la pierna evitando la caída... ¡Qué nervios! Solo falta un verso, y con engolada voz expresó el dramático final. "¡Porque se hacía lenguas como queriendo hablar!"

Una preocupada declamadora, a pesar del clima, sudaba frío, más temerosa porque se cayera el taparrabos de Chente que de olvidar los versos del poeta peruano, José Santos Chocano. Éxito total, no olvidé ningún verso y Cuauhtémoc, aunque casi congelado, terminó apropiadamente vestido.

CON LA "P" DE PALOMA

Cuando una maestra como yo llega a los 26 años de servicio, cree que pedagógicamente ya está de vuelta de todo y que, en cuanto al conocimiento de los niños, no había nada más por aprender. No es ciertamente por vanidad, solo que ingenuamente creemos que el tiempo en la docencia te hace experto en esas lides. ¡Qué error más grande!, fue necesario que trabajara con un primer año después de 20 ciclos escolares de trabajar con grupos de quinto y sexto para dar al traste con mis presuntuosas y arrogantes suposiciones.

Por principio de cuentas, era un primer grado de turno vespertino de lo más especial, heterogéneo, disímil, niños y niñas con problemas especiales para aprender, poco atendidos, no por falta de interés de las familias, sobre todo las mamás, que eran muy cooperadoras, pero la mayoría trabajaba, ya sea en la maquiladora o en las casas o de vendedoras de lo que fuera: cremas, lociones, incluso comida; como es de suponer, con graves problemas económicos. El grupo estaba desfasado en todos los sentidos: por las edades, los tamaños, porque eran niños que habían reprobado 3 y 4 veces el curso, contrastando con los pequeños de nuevo ingreso de 6 y 7 años. Algunos que venían del *otro lado*, como se dice coloquialmente cuando nuestra gente se va a trabajar a Estados Unidos, que no hablaban ni en inglés ni en español, y hasta un chino que acepté con todo y su mamá embarazada, recién llegada de ese grandísimo país, expulsada, pues allá solo les permiten tener un hijo. No hablaba ni una palabra en español, ni yo hablaba chino, salvo decir *chapsuy*, pero, los dibujitos fueron grandes auxiliares y nos entendimos. Ambos, madre e hijo, terminaron el curso leyendo y escribiendo satisfactoriamente en español. En fin, que tenía para mí toda una gama de posibilidades para aprender, pero en ese entonces, a principios de septiembre, no lo sabía.

Hasta ese momento se habían inscrito una veintena de niños y de niñas. "Fácil" pensé, "siempre he trabajado con más de treinta alumnos y en algún momento con más de cuarenta, esto se me va a hacer un polvo..." nueva y totalmente equivocada.

Comencé a trabajar con el método aprendido en la normal, el ecléctico, o sea que era un poco de todo, fonético, global, onomatopéyico... Pero pasada una semana ¡sentía que nada resultaba! ¿Qué pasaba con el mundo, estaba todo al revés? Comencé a sospechar que la única que no encajaba en aquel dinámico, complejo y creativo mundo infantil ¡era yo!, la experimentada profesora a dos años de jubilarse. Mis técnicas y métodos no llegaban a compaginarse ni con el libro de texto ni con el elemento más importante de mi quehacer... ¡mis alumnos!

Como dice el dicho: "nunca falta un roto para un descosido", la ayuda de un par de hermosas compañeras de esas especialistas en primer año, Norma y Cristina, hasta la fecha mis grandes amigas, me tranquilizaron, y con su valiosa asesoría comencé a hacer con más constancia lo que en otros grados me había funcionado tan bien: ¡Jugar! ¡Jugar a la escuelita, estar a su nivel de niñez!

Debo reconocer que nunca me sentí más maestra que entonces, sobre todo cuando a mediados de octubre, cuando ya habíamos visto, escrito y dictado vocales y unas cuantas consonantes que formaban sílabas directas, ciertamente no incluían la letra P, cuando habíamos formado sílabas y frases en el suelo, manipulado lodo y plastilina cuando se podía. En esos momentos el dictado era la prueba de fuego.

Era la 1 de una tarde cálida, razón por la cual abrimos las ventanas del salón. Todos estábamos en silencio, yo, de espaldas al grupo, escribía el ejercicio del día en el pizarrón. De pronto, una voz de niña rompió el silencio diciendo:

"¡El Jelipe es puto!" Me quedé impávida, fingí no haber escuchado, pensé, conteniendo la risa, alguna chiquilla del salón de junto. Pero mis alumnos reían bajito y cuchicheaban entre ellos, y es que ellos sí sabían de quién era la insolente voz. Indudable, era voz de niña. Me asomé a la ventana para ver si localizaba a la malhablada, pero nada, todo mundo estaba en sus salones.

Fue entonces cuando ahora con voz más fuerte y terminante, al mismo tiempo que con su blanca manita, jalaba mi amplia falda, expresó una pequeña llamada Paloma: "¡Te dije que el Jelipe es puto, maestra!". ¡Ni hablar, ni manera de hacerme la desentendida! El grupo entero contenía la risa, y su maestra, haciendo acopio de entereza preguntó:

—Vamos a ver, Palomita, ¿quién es Felipe? —Jelipe —me corrigió.

—El Jelipe es mi primo y es un pu...

—Sí, sí, ya te escuché, pero dime, ¿tú sabes qué quiere decir esa palabra?

—¡Claro! Que es como mujercita, es un marica, un jot...

¡Se sabía todos los sinónimos!

—¡Basta!, —le dije sin enojarme, pero sí asombrada y divertida ante tanto conocimiento.

—Dime, Paloma, ¿por qué le dices así?

—Es que, profe, me dijo que me llevaría a comer nieves y luego, profesora, se *jué* en el carro con su novia. ¡Por eso es un puto! —expresó molesta, haciendo un gesto con su bracito.

—¡Cómo sabes cosas, Palomita! Pero dime, ¿tú sabes escribir esa palabra?

—¡Uy, sí, profe! ¿Quieres que la escriba en el pizarrón?

—¡Adelante! —le dije. Tomando decidida el plumón, llenó con un gran garabato el pizarrón, puesta de puntitas y hasta donde alcanzaba su brazo: PUTO, entonces exclamé: "¡Qué interesante que sí sepas escribir esa palabra!"

Ante la ausencia de regaño, Zareth vio la oportunidad de presumir también su conocimiento:

—¡Qué chiste, yo también me la sé... pero con A!

Bueno, si ya estaba en plena democracia pedagógica, le dije:

—¡A ver! Pasa y escríbela.

Y Zareth escribió PUTA.

—¡Yo me sé otra! —dijo Maico, uno de los que venía de Los Ángeles, California. Y orgulloso, exclamó "¡Caca!"

Las risas se generalizaron, hasta Eliza, la señora china, alcanzó a entender la trama de lo que sucedía.

El resto del grupo se animó a participar, y pues la experimentada y sorprendida maestra les formó para escribir: CACO, CUCA, COCA, TACO y MOCO invadieron el blanco espacio del pizarrón. Niños y niñas felices de compartir sus conocimientos.

—¡Pero qué niños y niñas tan inteligentes! —exclamé sinceramente.

Entonces, ¡brillante idea!, aproveché para que escribieran en sus cuadernos con la letra estrella del día, la letra: P. "Veamos, si en lugar de la U de la primera sílaba escribimos A ¿cómo diría?". Todos escribieron: PATO. "¿Y si cambiamos la O por la A?" "Pues dice PATA contestó Edwin, un niño oaxaqueño quien apenas hablaba español pues su idioma era el mixteco. "¿Y si le cambiamos la A por la E?", se animó a participar Roberto, el chinito, que escribió: PETO, y Martín, el reprobado tres veces en primero, a voz en cuello, expresó orgulloso: "¡Y con la I dice PITO!".

A estas alturas me fue imposible contener la carcajada, por fortuna en ese momento sonó el timbre para el recreo y puede extasiarme contemplando el DICTADO en el pizarrón, estaba impactada, pero orgullosa de los saberes de mis alumnos. Hasta pensé en darle un título al espontáneo y coloquial "método" de lecto—escritura: ¡APRENDIENDO CON LA P DE... PALOMA!

Aún conservo con gran cariño las tarjetas y cartitas que ese grupo de la Escuela Erasto T. Islas, cuando ya estaban en tercer grado, leyeron con gran emoción en mi ceremonia de jubilación, un día de octubre de 1997. Ellos agradecían mi atención y cariño; yo, apenas alcanzo a recordar lo que les dije, con palabras entrecortadas y entre sollozos: "Gracias a ustedes, queridos niños y niñas, por haberme dado una de las mayores lecciones como docente y de vida, ¡gracias por la oportunidad de aprender, de ustedes, solo por eso vale la pena ser maestra!".

COLIBRÍES

*Dice una leyenda maya que el colibrí o "Huiztli",
es el alma de los seres que han partido
o guerreros que vienen
a decirnos que están bien, que han trascendido
a la otra vida, libres y felices.*

ALICIA "COLIBRÍ"

Víctima de cáncer, una más, un caluroso día de julio falleció Alicia, colega maestra de Literatura, compañera de estudios en la escuela de Pedagogía y entrañable amiga. Apresuradamente pasé por Lety, otra querida amiga, para ir a su funeral. Cuando iba a la misa de mi amiga Alicia, un inquieto colibrí apareció en mi jardín...

Este es el relato de nuestra última visita, aunque entonces no lo sabíamos. Dado su delicado estado de salud, nos dijo su familia que fuésemos después de las 7 de la tarde, hora en que tomaba su cena, también que fuese breve la visita. Lo primero sí lo cumplimos, lo segundo, Alicia no lo permitió.

Esa tarde-noche, entre risas y sonrisas, compartíamos tratando de animarla, anécdotas e historias, por instantes su rostro hermoso se transfiguraba transido de dolor "¡Espérenme, espérenme, ya se me va a pasar!" Con una enorme sonrisa trataba de cubrir el dolor reflejado en su cara. Tratando de distraerla, le dije que yo, desde hacía rato, era oficialmente una *sexalescente*. ¿Por qué?", inquirió Alicia, "pues porque no nos gusta la palabra *sexagenaria*, viejita, ruca, como te dicen cuando llegas a los 60 y más. *Sexalescente* da idea de mujer grande ¡pero sexi!" "¡Ay, Magui, tú y tus ocurrencias!", "¡Es un término que encontré en la red, al que yo le agregué que sí somos un poquitín pasadas de peso, gorditas pues somos, además, de belleza expandida!".

De pronto, Alicia se dobló un poco. Nosotras, prestas, intentamos ayudarla y tal vez retirarnos. "Ya pasó, me viene por oleadas, ya no le voy a hacer caso" y, acto seguido, con gran actitud, me dijo: "Magui, ¿cuál es la poesía que en la otra visita no me declamaste? Ojalá sea tan divertida como el cuento de Apolonio, ¡Cuánto me hiciste reír!" (Apolonio, personaje del cuento: "*¡Sea por d*ios y venga más!*", de la escritora mexicana Laura Esquivel).

Hice un esfuerzo, contuve las lágrimas, y comenté: "¡Ah! ¿Te refieres a la Balada del sí y del no, de Bertold Brecht, poeta alemán, que la escribió, seguro, cuando alguien le dio *calabazas*?" "Sí, esa". Se la declamé, no sin antes prevenirle de que a lo mejor se me olvidaría, "ya sabes amiga, el maldito alemán, que nos está rondando, ese que dicen se llama Alzheimer". Discretamente, Silvia, su cuñada, auxiliar y nana de sus nietos pasó a revisar si ya había terminado su cena. "Silvia, manita, ya casi termino mi cena". "Bien, pero no olvides tomar tus pastillas de la noche." "¡Miren!, me tengo que tragar como 30 pastillas tres veces al día, hay de todos colores, blancas, cafecitas, verdes, gorditas, planas, redondas, chiquitas... ¡ya estoy cansada!", exclamó. Le acercamos el vaso con agua y con lentitud las fue pasando.

"Traigo el mundo volteado", dijo Alicia, "igualito que los bebés que duermen de día y por la noche no dejan dormir a sus padres. ¡Por favor, no se vayan todavía!". Ni cuenta nos dábamos de la hora que era, cuánto nos divertimos, cuánto recordamos los días de estudiantes, es indudable, recordar es volver a vivir, y las tres hicimos un breve inventario de nuestras vidas. Con nostalgia, no podía faltar hablar de los noviazgos, de las veces que nos *pinteábamos* las clases, sobre todo las de aquel maestro de la última clase que siempre preguntaba al pasar lista "Bueno, ¿quién es Margarita Quiroz, que solo dice presente, pero no está?" Y es que a veces Lety contestaba "Presente", a veces Alicia, y a veces hasta nuestro amigo Gaby, que me hacían el paro, mientras yo me iba con algún galán. "¡Qué recuerdos amigas, qué recuerdos!, ¡cómo me hacen reír, chamacas!" Yo también les hacía el paro, y con frecuencia esas *pintas*, pero de todo el grupo, se convertían en animadas bohemias en mi casa que quedaba justo frente a la universidad.

En honor a la verdad, Alicia era la más bonita de todas las bonitas de Literatura y Lingüística, y me temo que de toda la generación 1976, de la icónica Escuela de Pedagogía, la primera que surgiera en la Universidad Autónoma de Baja California.

Ahora jubiladas, mirando hacia atrás, no entendemos cómo pudimos realizar tantas actividades, concluimos que lo permitió ese tiempo de vigorosa juventud, del sentido del deber, de la conciencia y la certeza de que escogimos la mejor profesión que existe: la docencia.

Entre conversaciones y recuerdos, nos dieron las 11 de la noche. "Vámonos ya, Magui" dijo Lety, "Alicia tiene que terminar de cenar y descansar", pero Alicia nos atajó: "no muchachas, no se vayan. Quiero platicarles de mi nietecita Luciana, es tremenda. ¿Ya vieron? A diario me trae una *obra de arte* de la escuela. ¡Me tiene tapizado el cuarto!", estoicamente soportó de nuevo el dolor... "el otro día dijo que ella era la enfermera y que me pondría los sueros. Una enfermera de 4 añitos", Alicia lloraba de la risa al platicarlo. "Tomó la jeringa, luego la medicina. Juanita, la enfermera, saltó asustada y alcanzó a quitarle de sus manitas los instrumentos de curación ¡Dios nos agarre confesados si me dejaran sola con ella! ¡Es una tirana!"

El tiempo se nos fue como agua. "¡Pero qué imprudentes hemos sido!", dijo Lety. "Gracias, amigas, por hacerme reír tanto, no cabe duda de que recordar es volver a vivir y ustedes me dieron vida". Era al revés, Lety y yo disfrutamos de su amistad y confianza.

Nos despedimos con un cálido abrazo y con un beso. Nuestra alma apachurrada, pero contentas de disfrutar de su presencia. En ese momento ignorábamos que sería la última vez que la veríamos con vida.

Así es la vida, tiene dos extremos, y cada quien cumple un ciclo; el de Alicia llegó pocos días después de esa memorable visita. Mujer espiritual y de sabiduría, tenía la certeza de que la vida se prolonga más allá de la muerte. Descansa en paz, querida amiga, luz en tu camino, en paz descansa... Alicia, guerrera de vida. Alicia colibrí.

COLIBRÍ

Un colorido colibrí en mis flores color lavanda

Se dio un festín.

Golosa ave, de hábil piquito, néctar libaba

de flor en flor.

Con embeleso lo contemplé

El danzante iba de árbol a flor. Yo ni ruido hacía, ni respiré.

Solo un suspiro, "¡Ni Dios lo quiera!, lo asustaré..."

Muy afanosa, busqué mi cel. "¡Uy!, en la cocina creo lo olvidé".

Con gran sigilo bajé del auto, llegué a la puerta

Recé para que al regreso la avecilla aún estuviera,

"*Chuparrosita* espérame aquí..."

Cámara abrí, tomé

la foto del colibrí... Son puras ramas

Que confusión "¿Habrá volado?

No se ve aquí". Pero voló, se fue a las flores,

del sol gozaba, ¡volaba inquieto de flor en flor!

Rápido giro, plumas al aire,

Cambió de rumbo, posó en la rama.

Parece dijo: "Toma la foto, que estoy aquí."

Solo un instante...

¡Lo capturé!

Plumas al aire

"¡Gracias!" me dijo

Y a la distancia,

entre aleteos,

"¡Adiós!" me dijo.

¡Soy muy feliz!

Se me pone la piel chinita y el alma en regocijo cuando pienso y siento que fue la mismísima Alicia que, en forma de colibrí, vino a despedirse, a decirnos que ya es libre de dolor, de sufrimiento, que es feliz... Quiero pensarlo así... quiero creer que Alicia ya goza de su libertad y se desparrama en amor infinito para todos y todas. Alicia fue, como expresa la leyenda, una guerrera que enfrentó el cáncer y la vida con dignidad y entereza. Que sea hermoso su regreso hacia la luz. En paz descansa, Alicia...

HAY GENTE QUE NO TIENE PERMISO DE MORIR

Sergio Haro Cordero, periodista y amigo; duele tu partida, escuchamos la noticia con profunda tristeza. Lo informaban en los noticiarios. Me resistí a creerlo, pero era cierto.

Periodista de vocación, la ética su premisa, la verdad sobre la realidad, la justicia en la noticia, y la más grande franca y luminosa sonrisa.

"Sergio Haro Cordero, periodista que mantuvo en jaque al poder insolente", comentó su colega Jaime Delgado.

"Inevitable llorar y no extrañarte, Sergio", dijo la señora Irma Leyva, una de las madres de los desaparecidos, "Nos sentimos huérfanas, ¿ahora quien denunciará con voz certera las injusticias del gobierno, del narcotráfico, de los políticos corruptos? Él era la luz y denuncia de lo injusto en la sociedad".

"Con su cámara captaba el alma y sentir del pueblo. Su veraz y denunciante pluma daba voz a quien no la tenía", declaró Cristhian Torres, su colega, colaborador y gran amigo.

Reportero crítico siempre, trató todos los temas que afectaban a la comunidad: política, migración, trabajo infantil, desaparecidos, educación, narcotráfico. De sus últimos reportajes, las megamarchas de enero de 2017 contra el llamado *gasolinazo* de EPN, el gobierno de Francisco *Kiko* Vega de Lamadrid y el munícipe Gustavo Sánchez.

La icónica fotografía de la portada de la revista *Proceso* (5 de febrero/2017/ Jenaro Villamil): La rebelión viene del Norte es de su autoría. Con su inseparable cámara dio testimonio de las protestas iniciales en contra de Constellation Brands transnacional, cervecera que pretendía utilizar 20 millones de metros cúbicos de agua anuales, destinados a la agricultura y a la sobrevivencia de la gente, de una zona desértica que sufre un intenso estrés hídrico, para la producción de cerveza. Sergio Haro Cordero, ¡reportero, siempre reportero!

El periodista, reportero y escritor, mesurado, crítico, educado, incorruptible, ha partido, pero vivirá siempre en la obra que deja.

¡Sergio Haro Cordero vive! ¡La lucha sigue y sigue!

Hay gente que no tiene permiso de morir.

Epílogo. Sus grandes amigos Daniel Juárez, Cristhian Torres y Jesusa Cervantes nos informan que se hicieron los trámites necesarios para que Sergio Haro Cordero, recibiera, *post mortem*, el Premio Nacional de Periodismo por trayectoria del Semanario Zeta en 2021.

La Explanada de la Facultad de Ciencias de la Educación, desde mayo 30 de 2022 lleva el nombre del destacado periodista mexicalense: Sergio Haro Cordero.

El maestro Daniel Juárez, nos informó que, dentro de las actividades extraordinarias del destacado periodista, estaba el conseguir zapatos y uniformes para estudiantes en situación de crisis económica. Para el efecto, coordinó desde el anonimato a sus compañeros y amigos de la preparatoria, universitarios, y otros, creando una asociación civil para realizar esa altruista labor que, a la fecha, se lleva a cabo. Es tradición que el 26 de diciembre de cada año, día del nacimiento de Sergio, se realice en diversos centros escolares.

HASTA ENCONTRARLES

La solidaridad es la ternura de los pueblos.
Gioconda Belli, poeta nicaragüense

Desde el hospital recibimos la llamada "¡Otra vez la Tomy está hospitalizada! ¡Véngase corriendo, Checo! Como periodista he cubierto desde hace décadas la nota de los desaparecidos, las llamadas desapariciones forzadas en mi comunidad.

Como veterano reportero que soy, he tenido el privilegio de tratar con muchísima gente de toda clase social, rica, pobre, profesional, humilde, corrupta, ambiciosa y mezquina, y otra solidaria, generosa, altruista y muy consciente. Entre estas últimas, destaca Tomy, una mujer de apariencia frágil, de tez apiñonada y ojos claros, bajita, delgada, que contrasta con una voz grave, firme, potente, que fortalece su natural liderazgo. De su delicado rostro destaca la mirada de sus casi verdes ojos, sus destellos van directos al adversario, que no tiene más remedio que bajar su vista. Es una intensa mirada, mezcla de fuerza y dignidad, y desde que David, su hijo, desapareció, guarda una profunda tristeza. "¡No me daré por vencida, nunca!", manifiesta. Tomy no es de esas señoras de las fiscalías, ¡o se ponen a trabajar o se ponen a trabajar!

La conocí el día de la entrevista, una semana después de ese fatídico día, yo, entre otros muchos medios. La entrevisté después de que mis compañeros se retiraran. Tomy era la dolida madre de David Alfredo, quien trabajaba en la PGR, era un muchacho alegre, cumplía con su familia, su esposa y sus dos hijas. "A lo mejor no era una perita en dulce, pero era mi hijo ¡Tengo derecho a saber, en donde está! pero ya ves, las autoridades se hacen sordas y mudas y no investigan ¡es desesperante!" Me llamó la atención su forma airada, mas, sin lanzar ningún improperio, sin derramar una lágrima, pero con dolor en la voz. Exigió a las autoridades que cumplieran con su trabajo; les encaraba con voz de trueno y dedo enhiesto: "¡Hagan su trabajo! ¿Cómo que tienen que pasar más de 3 días para investigar? ¡Son muchas las familias que sufrimos el dolor de no saber en dónde están nuestros hijos! ¡Tanta muchacha desaparecida! ¡Tantos jóvenes levantados! ¡No descansaré hasta no saber en dónde está mi hijo!" Ese día nació una luchadora social, cuya indignación la ha llevado a participar en la organización de colectivos de búsqueda **de desaparición forzada**, la mayoría, debo decirlo, mujeres.

Antes de ese crucial momento, Tomy cumplía con la cotidiana función de cuidar de su familia. Era una amigable, alegre y solidaria ama de casa.

Hemos dado seguimiento a su arduo trabajo como activista social. "*¡Esta madre no descansará, lucharé con todas mis fuerzas, junto con todas aquellas víctimas que quieran agregarse,* unidos hacemos *más*! *¡Hasta encontrarles!"*

En esa faceta se ha enfrentado a adversidades familiares y de salud, a indolentes, apáticas, corruptas y hasta omisas autoridades. Ha desafiado lo mismo a gobernadores, munícipes, corruptos diputados que a fiscalías. "¡El colmo!, hemos tenido que enfrentar hasta a otros dirigentes de colectivos que se han vendido al gobierno en un turno al mejor postor, lucrando con nuestro dolor, aceptando dádivas y promesas. La mezquindad permea en todos los niveles" Su esposo se dio por vencido pronto: "¡Esto no tiene remedio, ellos son poderosos, Tomy, temo por ti, por la familia! ¡Ya has recibido muchas amenazas!". Y era cierto, gobiernos tricolores y azules pasaban, Derechos Humanos enviaba recomendaciones, se hacían mítines y manifestaciones en el Centro Cívico, en las Procuradurías, conferencias de prensa —¡Hasta al noticiero nacional, 24 horas, acudió a denunciar! —Ninguna respuesta, ¡ni para ella, ni para nadie!

Tomy, con sus colectivos, ha recorrido desiertos y parcelas, buscado en canales y drenajes, valles, cañadas y poblados. No han importado ni el sol lacerante, ni el viento o el frío, y cada hallazgo, por pequeño que sea, es fiesta y alborozo para las víctimas de las llamadas desapariciones forzadas.

"¡Hemos enfrentado el dolor y el horror cuando nos han sometido al tormento de identificar, físicamente y en fotografías, cientos de restos de cadáveres y huesos!", dijo Lina, una de las madres buscadoras. "En el colmo del absurdo, nos preguntaron: ¿Reconoce algo de su familiar? ¡Nunca imaginé conocer el SEMEFO! ¡Nunca creí ver tantos cadáveres juntos! ¡Pareciera, es, una película de horror!".

Lo sabemos por experiencia, la justicia para el pobre arrastra los pies.

Uno de esos funcionarios ambiciosos y corruptos, en grado sumo, le dijo: "Mire, Tomasa, le voy a decir la verdad ¡Ya resígnese! ¡Váyase a su casa! ¡No va a encontrar nada! Y tome en cuenta que calladita se ve más bonita."

Lejos de amedrentarse, Tomy sacó fuerzas de la flaqueza, aquellas palabras incentivaron su deseo de continuar luchando, si se puede, con más coraje y determinación. "¡He tenido que transmutar mi dolor en lucha! Existen buscadoras que llevan más de 25 años esperando encontrar a sus desaparecidos. Yo ya llevo 16 pero ¡no me daré por vencida!"

De manera alarmante han aumentado los casos de desaparecidos en el estado, y en el país. La salud de Tomy se ha visto afectada, hospitalizada por semanas y en plena pandemia por diferentes padecimientos, en una semana pasó a cirugía 2 veces, sufrió una embolia, y como ella misma dice: "*¡Soy como la cachanilla, que me doblo, pero no me quiebro!*" ¡El corazón me dice que David Alfredo, ya no existe! Pero ayudar a otras madres unidas y fuertes a que encuentren de su familiar, aunque sea un zapato, un jirón de tela, una muela, un hueso, lo que sea, nos da la triste certidumbre de que ya no están. Se apaga la esperanza, pero tenemos al menos el consuelo de acudir a un espacio geográfico donde rendirles homenaje. ¡Ese derecho tenemos como seres humanos! ¡Solo somos madres desesperadas! Puedo afirmar que, después de esta dura experiencia, no se vive. La incertidumbre se instala y la vida ya no lo es.

Apresurado, tomo mi cámara, llego al hospital, indago la causa de que Tomy nuevamente se encuentre allí, es una fuerte crisis nerviosa, emocionalmente está desecha, se estremece, clama y llora, con lágrimas secas y húmedas que no logran disipar su intenso dolor... le han avisado que encontraron restos de su hijo.

Margarita "Mariposa" Quiroz

INTERROGACIÓN

El silencio se expande... La esperanza se agita...El amor se desborda... La ansiedad nos domina... Sentimientos encontrados en mi ser se aglutinan.

Resurge en mi corazón de madre la turbulencia. Infinitas las dudas y preguntas sin respuesta alguna. Desde tu ausencia, mi cuerpo dolorido, una y mil veces mi corazón ha estallado en pedazos. Soy un rompecabezas, que a diario se rearma. Me sostienen el dolor, la indignación la rabia, el coraje por la indiferencia de indolentes gobiernos, funcionarios corruptos.

Desde tu forzada ausencia una enorme interrogación mi vida ha sido.

Esperanzada a encontrarte y temiendo descubrirte, ¡exijo, justicia!

En eterna interrogación vivimos. ¿En dónde estás? ¿En un canal, en un predio, en alguna parcela,

entre chamizales o debajo de un mezquite? El dolor es tormento.

Ni calor, ni frío, ni viento, ni cansancio, ni la apatía de fiscalías

y desgobiernos han impedido la búsqueda...

¡Como la cachanilla, me doblo, pero no me quiebro!

He removido, arena y tierra con otros, con muchas otras dolientes, por bordes de canales y por drenajes, hasta el desierto inmenso de nuestra geografía. Búsqueda de un pedazo de mi ser que entero hubiese querido encontrar,

que entero en mi corazón vive...

¡Exijo respuestas, exijo justicia!

Amado hijo, ¿será que te he encontrado?

¿Será que esos fragmentos

de huesos, de dientes, son los

tuyos?

SI HUELES A LEÑA, ¡HUELES A LUCHA!

Mi nombre es María, soy una ciudadana, como tú, como tantas, un ama de casa viuda, que no tiene más ingreso que lo que sus 4 hijos le puedan aportar. A partir del día primero de enero, cuando amanecimos con la noticia del alza, una más, a las gasolinas, soy otra, fue la gota que derramó mi vaso. La indignación me llegó y dejé de solo lamentarme y renegar en mi casa, con mis amigas, con mis vecinos o con mis hijos de lo mal que estaban las cosas con los gobiernos, fueran panistas o priistas, todos eran pésimos gobiernos.

Las noticias corrían, los comentaristas de la tele y los periódicos hablaban de que existía inconformidad en otros estados del país, y yo me preguntaba "¿Por qué aquí no pasa nada? ¿Por qué somos tan conformistas?" Así que a la primera convocatoria que se hizo para enfrentar el aumento a la gasolina, el aumento insultante al impuesto predial, el tal reemplacamiento, la verificación vehicular, y después nos dimos cuenta de la PRIVATIZACIÓN DEL AGUA, de las constantes reducciones de EUA, de los volúmenes de agua del Río Colorado, y no conforme con ello autorizaron, gobiernos y empresarios, una mega cervecera transnacional, la Constellation Brands, depredadora de agua (se llevaría 20 millones de metros cúbicos) de por sí escasa en nuestra región para producir cerveza. Esa problemática me hizo despertar y hacer algo, y me acerqué a los plantones a ofrecer mi trabajo, si bien no tengo grandes conocimientos, comida sí se hacer, a eso me comprometí.

He participado en todas las marchas y he permanecido en los plantones desde el día 12 de enero de 2017. Admiro a la gente, a los jóvenes y los no tan jóvenes, como yo, gente que se ha despertado a la lucha y se ha integrado a los plantones del municipio, del Congreso y del Ejecutivo. Aporto mi granito de arena, porque soy consciente de que muchos de ellos han aportado ladrillos, y muchos otros han construido bardas desde la lucha social, defendiendo los derechos del pueblo trabajador, transformando realidades injustas, abriendo conciencias.

Porque todos los que en la lucha participamos, padecimos el rigor del clima, el intenso frío, el viento y la lluvia, pero resistimos, gente anónima llegaba con leña para soportar el frío, gente solidaria nos llevaba alimentos, cobijas, casas de campaña, su ayuda nos permitió aguantar el invierno. Gracias, gente. Sin embargo, lo que más padecimos fue la agresión del estado, el enfrentamiento con la gendarmería, los policías armados hasta los dientes en contra de unos pacíficos manifestantes que estábamos dando la cara por la gente. Me pregunto "¿Exigir funcionarios honestos es delito?, ¿Denunciar los atropellos y robos de la clase poderosa no se debe? ¿Defender el agua es un crimen?" No, ellos se disgustan porque pierden privilegios y no pueden saquear más, explotar más al pueblo. Del tamaño de su miedo es la fuerza desplegada. El estado nos ha tratado como delincuentes sin serlo. Solo nos decidimos a tomar en nuestras manos la solución de los problemas, solo queremos que el gobierno cumpla con su trabajo, no somos tontos, nos damos cuenta de que solo entran al gobierno para robar, sean del partido que sean. Me he aprendido palabras que antes no tenían ningún significado: oligarquía, neoliberalismo, privatización de recursos, manto freático, estrés hídrico, mi vocabulario es otro, mi vida es otra, ahora tiene sentido. Me he convencido, participando en este movimiento, que los cambios no se generan de arriba hacia abajo, ahora entiendo que cuando los de abajo nos movilizamos en protesta, exigiendo nuestros derechos, los de arriba se tambalean y hasta se caen.

Cierto, hemos sufrido el frío, la humedad, la lluvia, el viento. El olor a leña ha impregnado toda nuestra ropa, el olor a leña se deja sentir en toda la plaza pública y más allá, el olor a leña ha despertado la conciencia de la muchedumbre que se dio cita el 22 de enero, la más numerosa de las marchas, dicen 40 mil, yo creo que fue el doble o más que eso, me temo que casi 100 mil. Por eso, ahora que me subo al camión, que voy a mi casa a preparar comida para los compañeros de los plantones, que voy a hacer brigadas a las colonias, que hablo con mi familia, con mis amigos y amigas, les digo "si te acercas a alguien que desprenda olor a leña, felicítale, respétale, admírale, viene del plantón porque, ¡si hueles a leña, hueles a lucha!"

La ley privatizadora del agua fue abrogada en Baja California el 19 de marzo de 2017 por el movimiento social, protesta genuina del pueblo. "Si en 1937, los campesinos defendieron la tierra, con el ¡asalto a las tierras!, propiedad ejidal, a esta generación le corresponde DEFENDER EL AGUA" ¡FUERA CERVECERA CONSTELLATION BRANDS DE BAJA CALIFORNIA! ¡FUERA EL MAL GOBIERNO!"

SAN FELIPE EN TRES TIEMPOS

Las muchachas

Corría el año de 1945, San Felipe ya era un pequeño poblado. Por sus características de localidad pesquera, llegaban a trabajar al pequeño puerto algunas familias de diferentes estados de la república. La familia Angulo, comerciantes provenientes del estado de Sinaloa, era una de las que primero arribaron. Ese lugar a todo mexicalense nos parece la más bella playa y un rincón maravilloso para vacacionar, sobre todo en la época de la llamada Semana Santa. Sin embargo, dada su lejanía y sin haber aún carretera que facilitara el traslado de toda la familia, era frecuente que llegaran a ese recóndito puerto pesquero hombres solos, sin pareja, sin familia.

La población iba en aumento, y también sus necesidades: sociales, económicas, educativas religiosas, y hasta de *placeres*. Siendo San Felipe un puerto enclavado en el desierto, no había manera de cultivar alimentos ni árboles frutales. Solo peces y mariscos, así que, cada determinado tiempo, recorrían los 200 kilómetros que los separaban de la ciudad capital del estado de Baja California, Mexicali, para traer la provisión (alimentos) y otros insumos que la población requería, como café, azúcar, manteca, harina, frijol, incluso materiales de construcción, gasolina, ropa, enseres domésticos y hasta maquinaria.

Se habían organizado ya varias cooperativas que regulaban la vida de sus habitantes, y con la ayuda de todos habían comprado un troque para la comunidad, camión de redilas, en los que transportaban los productos, y hasta de ambulancia funcionaba cuando era necesario.

La señora Lugarda, Lugardita, por la estimación que todos le tenían, fue comisionada para llevarse el troque a Mexicali y hacer las compras de algunos productos y, en esa ocasión y dadas las necesidades, propias de los muchos varones solos del puerto, reunieron el dinero suficiente para que Lugardita trajera a 4 muchachas, jóvenes, solteras, ganosas de vivir en ese rincón marítimo que era y es San Felipe. Mujer joven, guapa y eficiente, líder de la comunidad, se compromete en cumplir con los "encargos" y sale a Mexicali en el troque. En ese entonces no había carretera, era una brecha apenas, así que tardaban como 4 días en ir, comprar y regresar.

Pasados los 4 días, ya los muchachos solteros se comienzan a desesperar, Lugardita no llegaba con la mercancía, ni con las muchachas. Por fin, al quinto día llega una Lugardita muy fatigada por lo pesado del viaje, explicándoles que habían tenido dos *ponchaduras*, que el troque se calentó y tuvo que arreglar el radiador, que no encontraban todos los productos, que tuvieron que dormir en el camión pues no les alcanzó para el hotel, en fin, que estaba rendida; en realidad se había gastado el dinero en compras personales y en lugar de cuatro solo trajo a tres chicas. Mientras hablaban, iban bajando del camión los costales de frijol, de azúcar, las latas de manteca, los costales de harina, los tibores del combustible, etc. "¿Y las mujeres? Lugardita, te dimos dinero para que trajeras cuatro, cuatro mujeres." La susodicha se hacía la que no escuchaba. "Lugardita, por favor responde," le decían desesperados los solos hombres sanfelipenses. Por fin, contestó "Miren, busqué desde la Chinesca hasta Pueblo Nuevo y otras colonias de Mexicali, y pos, ninguna quería..." En ese punto, ya la ansiedad se iba apoderando de los solterísimos hombres que esperaban ver bajar a las cuatro jóvenes mujeres encargadas a Lugardita. "Pos verán", les decía nerviosa, "ellas decían quesque estaba muy lejos, quesque dónde iban a vivir", los machos, varones masculinos, la interrumpieron, y quitándole el *ita* le apremiaron:

—¡Ya, Lugarda!, ¿dónde están las viejas que te encargamos?

—¿Pos eso quería decirles, pues! ¡Que aquí están las muchachas! ¡Lupita, Nicolasa, Tere, bájense ya del troque!

—Pero, Lugardita, llamaste a tres y te dimos dinero para que trajeras cuatro muchachonas.

—¡Pos sí!, —dijo una nerviosilla Lugardita—, ¡pero pos me gasté *muncho* en las reparaciones y pos ni modo, solo alcanzó para 3 muchachas!

—No, Lugarda, ese no fue el trato, o muchacha o dinero… ¿Cómo le vas a hacer, Lugarda?

—Pos, ¿qué quieren que haga? —dijo ladeando un poco la cabeza y entornando los ojos, —pos, qué remedio, ¡chíngome yo!", —concluyó la "sacrificada" lideresa.

Rezandera

Continuamos con la anécdota de cuando Lugardita, ya entrada en años, talentosa como era, se convirtió en la persona que mejor rezara el rosario. A Loreto, una amiga, le tocó vivir la experiencia cuando acudió a un velorio, que entonces, como en muchos lugares de nuestro México, se hacían en las casas. A pesar de sus años, este peculiar personaje nunca perdió la coquetería, siempre asistía muy arreglada, labios y uñas pintados color rojo pasión, el cabello rubio, casi platinado, para disimular las canas, su tez morena cubierta por harto maquillaje, ojos pintados, y sus mejillas muy coloreadas.

Como era costumbre, se ofrecía a los asistentes, café, pan, y a veces chocolate; en esa ocasión, Loretito había llevado una humeante olla de mediano tamaño con esa suculenta bebida. Tal vez no fuera suficiente para todos los asistentes.

El aroma del chocolate era delicioso. Doña Lugardita se encontraba muy concentrada en el rezo, sosteniendo entre sus manos un colorido rosario. Hacía frío, el chocolate caliente se antojaba, así que, algunas personas comenzaron a servirse de la sabrosa bebida.

Lugardita dio inicio al rezo con gran devoción... "Padre nuestro que estás en los cielos... Santa María, madre de Dios..." Apenas iría en el tercer misterio cuando, interrumpiendo el rezo entre un ave maría y otro, le dijo entre dientes a Loreto:

—¡El chocolate! —y continuó— reza por nosotros, santa madre de Dios... ¡El chocolate! —decía procurando no alzar la voz—. Dios te salve, María... ¡el chocolate! —repetía Lugardita, bajando aún más la voz... Llena eres de gracia... ¡te digo que el chocolate! ... el señor es contigo... ¡el chocolate! —gritó entonces desesperada,

—¡Ay, Lugardita, que no le entiendo! —dijo molesta Loreto, ¡Pos qué le pasa!

Ya sin discreción alguna, a voz en cuello gritó Lugardita...

—¡Con una chingada Loreto, que se están terminando el chocolate y tú que no me traes una pinche taza!

(Historias narradas por la maestra Olga Rodríguez Piña y Loreto García)

Milenario

Llegué temprano a la zona donde lo había visto la última vez, dos años atrás, en un breve receso de la prolongada pandemia que al mundo paralizó. Teníamos el plan de ir a contemplar las ballenas que van a parir a la laguna Ojo de Liebre, en Guerrero Negro, dos queridas amigas y yo, tan jubiladas, tan maestras y tan solteras como yo. Esta pandémica etapa había sido terrible, abrumadora, creo que, para todo el mundo, la COVID—19, ahora sabemos que su género es femenino, nos había aislado, deprimido, hecho desconfiar y temer del contagio de todo y de todos. Nuestra casa se convirtió en prisión, el encierro prolongado a muchos enloqueció, tanto que muchos se suicidaron. Era imperioso salir, respirar la brisa del océano era nuestra opción. Eso serviría para tranquilizar nuestro sobrecogido espíritu. El clima era agradable. Emprendimos viaje.

El desierto era su casa, y yo entendí siempre que nunca lo abandonaría. Yo acudía a él cada vez que necesitaba consejo, paz y tranquilidad. Era tan sabio, era tan grande y tan viejo, que los demás no entendían la atracción que por él sentía. En lenguaje actual creo se dice era mi *crush*. Y no era por viejo que nos entendía, la dura experiencia de vivir en la soledad del desierto lo convertía en un gran escuchante y confidente. Su primera lección fue esa, valorar la soledad, bajarme del remolino que a veces era mi vida y revisar en mi interior.

Creo que, desde nuestro primer encuentro, sentí esa energía, esa conexión que nos complementaba, podría definirlo como amor a primera vista, puedo presumir que el sentimiento era mutuo.

No era el amor de pareja, era un profundo amor filial, amor incondicional. Me enseñó a valorar el silencio. No eran necesarias las palabras para entendernos, cuando no podía encontrar la fuerza que requería para acabar con una difícil relación de matrimonio, tóxica relación de casi 30 años, él me acompañó. Me ayudó a superar las muertes de mi cuñada, mi sobrina y la de mi esposo y padre de mis hijos, todos partieron en el mismo año con semanas de diferencia.

Siempre que de su ayuda necesité, tuve una respuesta a mis tribulaciones. Era magnánimo y otras personas también a él acudían en búsqueda de su sabiduría. Unos queridos amigos, en plena pandemia perdieron a su hija, como tantos, la despidieron sin ceremonia fúnebre, ni ofrendas, escasa compañía, aún no superaban la terrible pérdida, así que les llevé a conocer a mi sabio y magnánimo amigo, él les ayudaría a disipar su dolor. Entusiasmada, con alegría, recorrimos los 200 kilómetros hasta llegar a la zona ubicada después del Puerto de San Felipe, en Punta Estrella.

Nos internamos por los sinuosos caminos del desierto, recorrí la zona, y no lo encontré, ya no estaba, ¿se había ido? Incrédula, miré, solo quedaron las ruinas de la que fuera su casa... sentí que el corazón se me partía en pedazos, la montaña, los arbustos, las flores silvestres, fueron testigos de mi dolor y profunda tristeza, al darme cuenta de que allí, tan fragmentado como mi alma, quedó su estructura, mi amigo, mi viejo y sabio amigo, 1800 años de experimentada vida, yacían desparramados en la arena, que el viento lentamente intentaba preservar, disipando la semilla del otrora majestuoso y noble gigante, el cardón del desierto.

Amorosamente le di las gracias y dejé que las lágrimas fluyeran, me interné en el silencio de mi ser y recibí de mi amigo, su última lección. En lenguaje espiritual expresó; amiga, yo no he muerto, solo he cumplido con un ciclo de vida, mira a tu alrededor, son muchos mis hermanos, son miles mis amigos, es tuya mi energía. Planta, abeja, mariposa y semilla, personas y animales, estamos conectados. Vida es amor, naturaleza es vida, es espiral, sin principio ni fin, es regeneración.

El cardón gigante del desierto me dijo con la voz del corazón: "no llores, no muero amiga, mi energía se expande y reintegra al universo. Vivo, porque sé que en tu corazón estoy".

AMORES VIEJOS, VIEJOS AMORES

Enfilamos el carro rumbo a la Rumorosa, lugar, que, según él, casi era de su propiedad. Tenía una casa en construcción, pero también había adquirido varios terrenos. El día estaba increíble, fresco, luminoso; echamos gasolina, compramos sendos cafés que degustamos lentamente sorbo a sorbo, entre la conversación y la carretera. La verdad es que yo escuchaba a Arturo, ante la imposibilidad de opinar algo; después de 40 y pico de años de no vernos, para mí era una sorpresa la transformación del chamaco medio parlanchín pero tímido que era cuando fuimos novios, al dicharachero y canoso señor de lentes que me había invitado a desayunar y que no paraba de hablar.

Ante lo imposible de conversar con el exnovio, entablé diálogo conmigo misma "¿Qué haces aquí Lorena? ¿Qué sentido tiene salir con este mono?" "Bueno, recordar es vivir, en algún momento hasta pensamos que nos casaríamos..." "¿Por qué terminamos?" Niebla en la cabeza. Mirando la interminable línea de la carretera, cavilaba y hurgaba en mi almacén mental de 50 y tantos años atrás...

"¿Era este el que me escribía hermosos poemas? ¿Era el que vivía al otro lado? ¿Arturo? ¿Aurelio? ¿Arnoldo?" Hmm, qué memoria la mía, tuve un ciclo de amores y de novios cuyo nombre de pila iniciaba con la letra A. ¿Curioso verdad?

"Y tú, ¿qué ha sido de tu vida?" La pregunta que propiciaba conversación me sacó de mis pensamientos. ¿Y ahora qué respondo? No había escuchado el contexto, perdida en mis cavilaciones. Acerté a decir, "bueno, no tan interesante como la tuya, pero he tenido mis experiencias; me casé, tuve dos hijos, trabajé por más de 30 años como secretaria, me jubilé hace 10, y acabo de enviudar". Ante la brevedad de mi biografía y el elocuente silencio que siguió, como que agarró la onda y comentó, "Discúlpame, creo que no te he dejado hablar, ya sé que hablo mucho, ese fue uno de los problemas por lo que me divorcié de mi mujer". "Oye, ¿y lo que pasó en tu vida? Yo recuerdo que escribías", y que vuelve a tomar el micrófono.

Con 62 años encima, una mujer como yo, y además secretaria, aprendemos a escuchar, así que, armándome de paciencia, seguí parando oreja a ver si algo recordaba. Regresé a mi diálogo interno, me intrigaba no recordar por qué habíamos terminado y, resignadamente, seguí escuchando.

La Cabaña del Abuelo es un restaurante en lo alto de la montaña en el poblado de la Rumorosa. Es un bello lugar, adornado con cactus en la entrada y antiguos enseres agrícolas y uno que otro cráneo de vaca. El café, las tortillas y los desayunos son deliciosos. Arturo entró saludando a los empleados, luego explicó, es que soy cliente frecuente y tengo hasta membresía "¿Será cierto o es un gran mentiroso?"

Los cactus, vasijas, metate, los cuadros del restaurante, dieron la pauta para generar una nueva etapa en la conversación, yo, como participante de un grupo de Historia Regional de Baja California, y habiendo sido secretaria de su presidenta, le explicaba de las etnias de Baja California, de la cultura cumiai, de sus centros ceremoniales, Piedras Gordas, Vallecitos, la leyenda del Diablito, entre otras, de las que él, por fortuna, no sabía nada. Ahora se cambiaban los papeles; porque cuando yo comienzo con algo que me apasiona, como la historia de mi estado, no hay quien me pare, ahora el paciente "escuchante" era él y creo estuve tan seductoramente histórica que hasta quiso conocer Piedras gordas. El micrófono era mío.

De lo que fue en su momento un sin sentido de plática, se fue transformando en diálogo, comprensión y hasta confidencia. Ambos tuvimos parejas "disparejas", por divorcio y viudez. Casi al mismo tiempo fuimos otra vez solteros, tuvimos dos hijas, una mamá longeva, un padre que trabajara casi toda su vida al "otro lado", en Estados Unidos, y que murieran a los 60 y pico, crecimos en el campo, fuimos a escuelas rurales, nos encantan las plantas, las artesanías, las piedras, leer, hablar y, tener siempre la razón.

Mis perritas me sacan ahora de mis reflexiones. Ladran demandantes de atención, como que dicen

—¡Ay!, ¡ya perdimos otra vez a nuestra dueña, esta Lorenita cuando se pone frente a ese aparato negro moviendo constantemente los dedos, ese aparato se la come!

En fin, me levanto, les hago cariños, descanso de escribir recuerdos, alimento sus barrigas y les doy agua. Se quedan medio adormiladas y yo puedo continuar evaluando mi salida, mi estatus, mi ida a la Rumorosa y esa parte de mi vida.

Regresamos, ambos perdimos interés en la charla, bueno, yo dejé de escuchar, la gran Laguna Salada se quedó con la verborrea y hasta noté que bostezaba de tan aburrida; con tantas similitudes de vida, de pronto recordé porque no continuó la relación; sí era el novio que me dedicaba poemas (luego me enteré que los plagiaba), además de hablar de corrido y sin puntos ni comas, además de "fantoche" engreído y siempre creer que tiene la razón; el viejo truco de que "olvidó" convenientemente la cartera y la inexistente membresía, yo terminé pagando la cuenta. "La próxima me toca a mí", dijo el descarado. Por eso terminé con él, además de mentiroso, era más codo duro que las rocas de la Rumorosa. Como dijera mi querida y sabia mamá, este no le da agua ni al gallo de la pasión. Que un viejo amor sí se olvida y sí se deja y mejor que ni aparezca. Fin de la historia.

QUÉ DAÑO NOS HIZO TELEVISA

Llegar a casa, sintiendo que todos notarían de inmediato mi "pecado"

Sentir calor, sentir frío, vergüenza y cosquilleo en todo mi ser,

Transpiraba, arrebol en las mejillas, los labios, trémulos, aún palpitaban.

Nunca antes esos labios habían sido tocados, por otros labios...

Cómo era posible que, mi corazón estuviera en mi pecho y yo sintiera que

¡se me salía por la boca!

Era de tarde, partí corriendo de la kermesse de aquella escuela

hasta llegar a mi casa, distante solo a una cuadra, pero que se me hizo lejísimos.

Era el primer beso, tierno, dulce, breve, un beso, sorpresivo y nervioso.

Al autor del contacto lo dejé allí, de pie, sonrojado

y creo que más atemorizado que yo

ante mi inusitada reacción.

Fue entonces que muy asustada me pregunté,
¿a los cuántos besos nace un crío?

¿Uno solo sería suficiente? Porque... en las telenovelas,
uno solo bastaba para que en el siguiente capítulo,

corrieran de su casa, a la indigna y besada muchacha,

porque estaba embarazada...

¡Recórcholis!, ya me veía yo, con 13 años, abandonada a mi suerte,

¡Con un hijo sin padre! Porque, no era al chico besador

A quien corrían, era a la muchacha, que a partir
de ahí sufría y sufría,

lloraba y lloraba, sufría y lloraba inmensos mares de lágrimas,
casi océanos.

Era sirvienta explotada, pero glamorosa. Cenicienta esclavizada
y hasta abnegada y

bondadosa mujer de galante vida,
eterna víctima de la suegra, cuñada,

patrón abusivo o despechada novia del susodicho galán,
todos a cual más de malvados.

Para ser sincera, ninguna de esas opciones me agradaban.

La chica padecía y padecía, pero, luchona,
hacía crecer al hijo del "pecado"

Por allí pasaban de sufridera en sufridera, de 20 a 25 años,
y hasta entonces el susodicho

y supuesto abandonador regresaba rico, poderoso,
enamoradísimo siempre, de

la pobrecita chica, a quien nunca olvidó... pero nunca buscó, ella tampoco olvidó, siempre fiel a él y al recuerdo de aquel primigenio beso.

Justo en ese momento, con voz trémula y ojos lagrimosos, le presentaba al joven, profesional, guapo y exitoso "pecado" y le decía, en el clímax del melodrama,

¡Este es tu hijo, producto de aquel primer beso de amor!

Luego, lueguito, aparecía la palabra FIN.

¡Cuánto daño nos hizo Televisa!

LA CASA DE LA ABUELA

Cuando construimos nuestra casa, aún no teníamos hijos. Insistí en que tuviera chimenea, discutí, peleé para que eso sucediera. Mira querida esposa, "ciborito", dijo Alberto, el futuro padre de mis hijos, es que nos saldría muy cara, además, se batalla para encontrar quien sepa construirla. Me puse necia, mi argumento fue que cuando llegara Navidad, Santa Claus fácilmente llegaría, vía la chimenea, cargado de regalos que sacaría de su bolsa mágica para nuestros futuros hijos. Eso me ilusionaba. Tenía sentido, hubo navidades en mi infancia en que solo recibíamos dulces porque no había chimenea en casa para regalos grandes y pues, ¿por dónde iba a entrar Santa Claus, si no teníamos chimenea? Nuestros hijos no iban a sufrir como yo, la ausencia de esa presencia. De sobra está decirles que, *habemus* chimenea. Además, Alberto amaba la Navidad y, terco como era, preguntó aquí, allá y acullá como construir la mejor chimenea y lo consiguió.

Y los hijos llegaron; primero Joseal y luego Fer, con tres años de diferencia. Por supuesto que les platicamos que para que Santa llegara por la chimenea a dejar los regalos que repartía por todo el mundo, la tradición era dejarle leche y galletas para que recuperara energías, lo cual explicaba además su gordura.

Era Navidad, mis hijos aún dormían, o eso creí. Con sigilo me levanté a colocar sus regalos bajo el arbolito de Navidad. Recogí sus cartitas. La de Fer, más gorda, pues, aunque ya sabía escribir, era su primera cartita, para facilitar el trabajo de Santa adjuntó 3 páginas de la publicidad de las tiendas en el periódico, y para que el bonachón gordo vestido de rojo no sufriera, había encerrado en círculo, con plumones rosa y verde fosforescente, todos los juguetes y artículos de su predilección. Excelente estrategia, solo que Santa fuese ciego no sabría lo que mi hija anhelaba recibir.

Un tanto desvelada pero satisfecha de que ambos hijos se alegraran de recibir todo lo que la cartita decía (Nuestro Santa era espléndido), me senté tranquilamente en el sofá y comencé a degustar la leche y galletas que mi hija había dejado sobre la chimenea. De pronto escuché una vocecita que gritaba: "¡Pero mami, que haces! ¡No mami, no lo hagas! No te comas las galletas de Santa". A sus gritos, los dos hombres de casa se despertaron y acudieron a la sala, yo, totalmente distraída les dije, "¡Ah, miren! ¡Santa les trajo todos estos regalos, ábranlos!" Con la boca llena de galletas, en una total, no solo inconciencia, sino torpeza, tomé un trago de leche, "Pero mami... ¿Por qué te estás comiendo las galletas y tomándote la leche de Santa?" Exclamó dolida y llorosa mi pequeña. El santa Alberto me hacía señas de que me callara, pero yo no entendía. ¡Ay, caramba! ¡Me cayeron todos los veintes! Avergonzada y titubeante, traté de explicarle, "¡Ah, mira, mija, es que cuando llegó aquí, ya venía muy lleno y me las dejó!".

Esa explicación hubiera sido suficiente si mi precioso hijo mayor no hubiese dicho: "¡Santa Claus no existe, Fer! ¡Son nuestros papás! ¡Ya te había dicho, yo los descubrí envolviendo los regalos en su recámara!" La magia de la Navidad salió volando por la chimenea y el sonido de dos corazones al romperse se escuchó como un estruendo, el de mi hija y el mío...

Ser madre ha sido un privilegio que a la vida agradezco. Recibir el título de abuela ha sido maravilloso y lo que sigue, con los nietos, llega el amor que renace, rejuvenece, regenera, y te realiza como ser humano.

Ahora mis hijos son papá y mamá. Con la llegada de los nietos, ha regresado la alegría, el bullicio, el desorden de juguetes, de comida derramada, de risas, llantos, berrinches y ocurrencias que han invadido cada rincón, cada espacio de esta casa, la casa de Babibabi, así me dice Montse, la casa de la Yaya, así me dice Damián y diría Víctor. La casa de la abuela Magui luce ahora, espléndida de luces y adornos, el árbol de Navidad iluminado y pleno de regalos aloja entre sus ramas, sendas cartitas para Santa. Los nietos, la nieta, ya saben que, por la vieja chimenea, entrará el siempre generoso Santa Claus, que dejará regalos bajo el árbol y se comerá sus galletas y tomará la leche para recuperar energías y así, con ellos, regresó la magia de la Navidad.

Ahora, desde el cielo, un orgulloso abuelo celebra la felicidad de sus nietos y disfruta de haber construido la mejor chimenea del mundo. Gracias, ALBERTO, amoroso y consentidor papá y ABUELO.

Margarita "Mariposa" Quiroz

POR CULPA DEL GATO

Sí, un gato cayó dentro de la chimenea de mi casa. Un gato blancuzco, que no es de nadie, un gato callejero que había adoptado las macetas de mi jardín como su baño particular. Fue un martes, lo comenzamos a escuchar como a eso de las 10 de la mañana.

Fue por culpa del gato que hube de limpiar la chimenea. Un pequeño sonidito se escuchó tras las paredes de mi sala. Parecía lejano, tal vez venía de afuera. Era intermitente, pero por culpa del gato, mi casa, casi siempre solitaria y silenciosa, conoció de un sonido quejoso, intermitente y fastidioso.

Llamé a César, hábil albañil y esposo de mi amiga, Cintia, quienes estaban de visita junto con mi amiga Lulú; mismo que revisó, afuera, adentro, abajo, arriba de la chimenea y de la casa. Silencio absoluto. Seguro era un gatito que buscaba a su mamá y ya la encontró y nos dijo: "Aquí no hay gato encerrado". Se retiraron las visitas y, justo entonces, los maullidos continuaron, más lastimeros, más intensos que antes y, sin lugar a dudas, venían de adentro de la chimenea. ¡Qué problemón! ¿Y si el gato se muere adentro de la chimenea? Sus maullidos dejaron de ser lastimeros para ser ¡desesperados! Se dieron las 3 de la tarde. Quedaba la alternativa de llamar a los bomberos. Eran casi las 7 de la tarde cuando, por culpa del gato llamé a los bomberos. Me parecía una nimiedad sacarlos de su cotidiana e importante rutina de *apagafuegos* por el desvarío y torpeza de un gato que se le ocurrió visitarnos a través de la chimenea.

En mi desesperación, hablé a mi hija quien vive en Tijuana, no me creyó que eso sucediera. Para convencerla hice un videíto. "¡Mamá, nada más a ti te pasan esas rarezas! ¡Uuuy, ni vas a poder dormir con esos desgarradores maullidos!". Tratando de ayudar, ni tarda ni perezosa publicó video y mensaje en FB: ¡Ayuda, ayuda, un gatito cayó en la chimenea de la casa de mi mami y no puede sacarlo! Comenzaron a llegar sugerencias; que maullara, yo, que yo maullara, pero como gata mamá. No entendí. Que alejara a Luna, mi perrita, porque asustaba al tal gato; hubo quien me envió una grabación de maullidos gatuno—maternos, todo hice, nada funcionó.

Por culpa del gato llegó la imponente bombera, "¡Lástima que no estuviera presente Damián, mi nietecito a quien le encantan!" Bajaron dos jóvenes, se presentaron: Ángel y Alberto, vestidos con sus trajes color mostaza, sus herramientas y, por culpa del gato, uno de ellos me preguntó "¿usted es la profesora Margarita Quiroz?", "sí", balbucí, "¿usted es la profesora Blanca Margarita Quiroz Miranda?". ¡Nombres y apellidos completos! Ni manera de negarlo. "Yo la conozco, usted fue mi maestra en la primaria, hace ya muchos años". "¿Alfonso?" "No, maestra. Soy Alberto. Pero Alfonso, también quería ser bombero", compartió, "trabajamos en la misma estación". "Sí" le dije, "ustedes desde niños, recuerdo, era su sueño y propósito; ser *traga humos*" aquí entre nos, hasta yo me sorprendí de recordarlo.

Por culpa del gato, ambos bomberos subieron al techo. Metieron una cámara y confirmaron que sí era un pequeño felino, a esas alturas yo estaba sugestionada en que era un "despistado espíritu descarriado" reencarnado en un gato. "La lámina no nos deja mirar bien" dijo el bombero Ángel, "pero ya lo localizamos a la derecha, abajo, en una saliente inclinada". "¿Lámina en la chimenea?" Por culpa del gato, diagnosticaron derrumbar parte de la pared de mi sala para sacar al mugre gatúbelo. "Ojalá lo saquemos vivo, si salta ¡ya la hicimos, maestra! De otra forma, si se muere dentro, tendremos que derrumbar parte de la pared." "¡No puede ser!, tumbar mi casa por ese torpe e inoportuno felino". Por culpa del gato entré en estado de consternación, abatimiento, desmoralización, ¡angustia! Alberto recomendó ponerle atún y agua para que se animara a brincar; no podían hacer más y tenían un fuego que apagar. Se fueron. El remedio fue peor que la enfermedad, eran desgarradores sus maullidos, ni la grabación de mama gata ayudó. ¡Todo esto por un pen... itente gato!

Por culpa del gato, llamé otra vez a César, mi amigo albañil. Lo puse al tanto, está aquí, abajo, en una saliente, no acierta a bajar. César se introdujo acostado de espaldas a la chimenea, revisó, y dijo, este gatito nunca va a saltar, la lámina se lo impide ¡Otra vez la lámina! "Tendré que derribar algunos ladrillos, luego se los repongo, páseme el martillo medio quemado de su esposo, ese que encontramos en la primera revisión de la chimenea." Se lo di. ¡Track, track, track!, y que cae con no poco estruendo, una charola de las usadas para verter pintura toda oxidada. ¡Sorpresa mayúscula! Por lo menos tendrá 6 años, la penúltima vez que pintamos la casa, de estar durmiendo dentro de la chimenea. Por esa razón hasta había clausurado la vieja chimenea pues al encenderla, el humo se regresaba, sofocándonos. Todo eso descubrí por culpa del gato. "¡Desdichados pintores de pacotilla que no fueron buenos para avisar de su torpeza!". ¡De todo eso me enteré por culpa del gato!

César dijo: "tráiganme una caja, ya atrapé al dichoso gato, pero no puedo usar las dos manos, está muy estrecho. Cintia salió corriendo y trajo la caja desocupada de los adornos navideños.

Por culpa del gato, César salió todo lleno de escombro y tizne, yo quería filmar el momento y lo hice, pero nunca pude ver al gato, que cayó como fardo dentro de la caja. Tan rápido como pudo, César se incorporó y cerró la caja. "¡*Aquí* sí hay gato encerrado!" dijo triunfalmente "¿Qué hacemos con él?". "Por lo pronto sacarlo de casa".

Mientras sacaba el atún y el agua para alimentar al estresado felino ya liberado, me dije para mis adentros, no estaría mal quedarme con el tal gato, no habría ratones, ya conoce la casa, justo entonces, escuché ruidos en el bote de basura del vecino, sin temor a equivocarme, ¡eran maullidos! El felino se había escapado de la caja. Bueno, fue un *lapsus gatunus*, señal clara de que no era para mí. Por culpa del gato, recuperé la funcionalidad de mi chimenea. Por culpa del gato, Santa pudo ingresar por la limpia y recuperada chimenea, tanto que ni se ensució. Tomó tranquis, tranquis su lechita y comió las galletitas que unos ilusionados nietos, le colocaran en la chimenea.

Por culpa del gato una maestra reencontró a un alumno bombero y le hizo el regalo más grande que una maestra pudiera recibir, el reconocimiento a su trabajo.

"Compa, ¿ves ese cuadro en la pared?" le presumió Alberto a Ángel, su compañero bombero. Así tengo enmarcado un mensaje que al final de un examen me escribió la maestra" "No importa a que te dediques, siempre procura ser el mejor" Y así a cada uno de sus alumnos nos escribía algo. Gracias, maestra. Ahora les presumo ese mensaje a mis hijos.

No me da pena ninguna reconocer que apenas salieron, lloré de gusto, complacida al ver a aquel hombre hecho y derecho, que realizó su sueño de niño.

Por culpa del gato entendí y acepté eso que dicen del espíritu navideño. Había castigado la Navidad por muchos años, pues era sinónimo de hospital, de dolor, de tristeza, de sufrimiento, de ausencia, la verdad no me ilusionaba nada nadita. Hubo años que ni luces encendí. Parecía que las enfermedades y fallecimientos se estrenaban en esas festivas fechas: pasé navidad y fin de año cuidando, tres años seguidos a mi esposo en el hospital, de hecho, partió un 6 de enero, Día de Reyes, de ese tercer año, tres semanas después le siguió su hermana, un 28 de diciembre murió, muy joven, un querido sobrino y en esa misma fecha, pero de 1977, se fue la abuela Mallía.

En enero de 1999, partió Hilda, mi hermosa hermana mayor, Por culpa del gato, recuperé la ilusión por compartir nuestra casa, como antes, como cuando estaban chiquitos los hijos, que nuestra casa se llenaba de familia y de amigos, celebrando la Navidad, el año nuevo, y cuanta fecha existiera en el calendario y si no, pues la inventábamos. La convivencia familiar, el papá disfrazado de Santa, disfrutar de la cena navideña, degustar los infaltables tamales, buñuelos, champurrado, pierna o pavo, todo mundo colaborando y por supuesto intercambiando regalos. Por culpa del gato, hoy celebramos con más gusto, la Navidad y la vida, gracias gato, con tu visita nos permitiste ver y sentir que no estamos solos, que si algún significado tuviera la Navidad sería ese, dar, compartir, amar, aprender, recordar a los ausentes.

La vida y la muerte se toman de la mano y nos cimbran, nos mueven, nos transforman, pero, todo eso es el precio que pagamos por crecer, por aprender. "Lo que no te mata, te fortalece" decía mi madre, "y recuérdalo, mija, nunca se deja de aprender. A veces protestamos porque nos parece que es demasiada *fortalecencia*, pero eso a la vida no le importa, es lo que necesitas y punto.

Por eso ahora agradezco a la vida todas las oportunidades que pródiga, nos ofrece, alegrías o sufrimientos, aprendizaje es. ¡Somos sobrevivientes de una pandemia mundial! ¡Por dos años, la vida se detuvo! Si aquí permanecemos, por algo será... Y todo, ¡por culpa del gato!

CACIQUES

Soy maestro de educación primaria, secundaria y universidad, ahora, después de 49 años de trabajo al fin jubilado. Mi nombre es Ignacio Gastélum Ruiz. Esta es la crónica de mi primer año de servicio como profesor de primaria. Habría cumplido para entonces 21 años de edad.

Al salir de la Normal, la Fronteriza de Mexicali, me enviaron a Santa Rosaliita, una pequeña comunidad de pescadores, a una hora de Guerrero Negro, un poblado que en aquel entonces contaba con una veintena de casas. La actividad principal era la pesca de langostas, aunque también pescaban almejas y choros (carnada para pescar las langostas).

La escuela asignada era unitaria, construida de madera en no muy buenas condiciones. Atendía como a 30 niños y niñas de todos los grados. Los pobladores me recibieron muy bien, sobre todo la familia Mclish, a donde me invitaban a comer pues mi alojamiento, la casa del maestro hecha también de madera, estaba tan pequeña que apenas cabía un camastro, una mesita y una silla. Los pescadores, recién llegué, me invitaron, después de la clase y del pesado día de pesca, a comer langosta y beber unas cervezas. Fue mucha su sorpresa al enterarse que no comía pescado ni mariscos, las langostas ni las conocía, y tampoco bebía. "¡Ah caray! ¿Entonces cómo se divierte usted? Qué raro es usted, profe. Mire que aquí no hay mucho que comer." "No importa", dije, "con un plato de frijoles y tortillas me conformo", pero, para no parecer tan despreciativo acepté una cerveza.

Con el tiempo nos hicimos amigos. Sobre todo, porque, como me aburría mucho por las tardes, alargué mi horario de clases, trabajaba de 8 de la mañana hasta las 5 de la tarde. El "segundo turno lo dedicaba a platicar cuentos, leyendas, o cantar y sobre todo a jugar volibol y béisbol que era el deporte que más gustaba a mis alumnos. Hasta los padres de familia se integraban ocasionalmente o bien, iban de porra.

Sin embargo, a los días de estar trabajando, los pescadores más humildes en la noche y a escondidas, me visitaron para expresar un añejo problema padecían las arbitrariedades de un par de caciques. Vivimos una pesadilla profesor, ojalá usted pueda ayudarnos. Uno, el que vivía en el poblado, y otro que era de la Confederación de Cooperativas Pesqueras. Tenían los pescadores, muchos años, más de quince, aportando un peso por cada kilo de langosta, supuestamente para construir casas y nunca se había construido una sola casa y del dinero acumulado nadie sabía dónde estaba.

Ese cacique tenía varios carros, proporcionados por la Comisión de Zonas Áridas y los usaban como propios. El otro, de nombre Ramón, tenía 7 empleos, entre ellos, encargado de gasolinera, del radio, la tienda, el transporte, encargado del almacén, representante de pescadores, y chofer de las pipas para zonas áridas. Había ocasiones en que, por enfermedad, los pescadores y sus familias, requerían de transporte para llevar al hospital a alguien, los pescadores reclamaban su derecho a utilizar el vehículo como ambulancia, que era para todos, sin embargo, Ramón les decía que el carro no servía. Muy pocas personas tenían vehículo, generalmente era el Señor Mclish quien les ayudaba. Total, que era una burla cotidiana a sus derechos y un abuso y violación a las reglas de las cooperativas. Unos corruptazos esos "funcionarios", tanto, que habían corrompido a 12 o 15 jóvenes de entre 20 y 40 años, entrenados como golpeadores (porros) a su servicio. Años atrás a un pescador que reclamó sus legítimos derechos, se rumora que entre todos ellos lo golpearon y luego lo ahogaron en el mar. Desapareció, jamás se supo de él.

Por supuesto que les ayudé. Primero, cuando bajé a cobrar a Ensenada, a donde acudía cada mes y a veces hasta pasados dos meses. La verdad, no tenía en dónde gastar mi salario. Acompañando siempre a mi amigo Mclish, investigamos sobre ese fideicomiso para construcción de las casas, que, si existía, pero estaba vacío. No sin muchos trabajos, las cuestiones jurídicas son muy burocráticas y, por tanto, muy tardadas, pero comenzamos a trabajar en ello. Después de años de litigio se logró recuperar parte del capital acumulado.

También estudié los 3 libros que hablan del funcionamiento de las cooperativas, recuerdo que el autor se apellidaba Rojas. Acto seguido elaboré una carta dirigida al entonces presidente de la República, misma que todos los pescadores firmaron. Me aseguré de que llegara a presidencia, con la colaboración de amigos que vivían en la capital del país. No sé cómo el cacique se enteró porque su hijo, que era mi alumno, un buen día empezó a insultarme y a demeritar mi trabajo de maestro. Yo continuaba trabajando igual que siempre y me hice muy amigo de los pescadores, tanto que hasta me iba a colocar trampas para atrapar langostas y *choros*, o bien, sacar abulones y almejas. Atrapar *choros* era y es una actividad muy peligrosa pues se tienen que despegar de los riscos, y se debe tener el cuidado de que no te agarre la ola porque si caes al agua, la misma ola puede estrellarte contra las rocas.

A la familia Mclish tengo mucho que agradecerle, en particular a la señora Mclish, una señora morena, delgadita y de baja estatura, misma que además de que seguido era invitado a comer a su mesa, me ayudaba con las tareas de limpieza de la escuelita. Un día, viendo que con facilidad se llevaba a la espalda un costal de *choros*, quise ser amable y me ofrecía a ayudarle, para trasladar los costales a unos 30 metros de distancia. Allí sí que me sorprendió su fuerza, los tales sacos pesaban no menos de 70 kilos, honestamente confieso que, a pesar de mis veintitantos años, hasta se me doblaron las piernas por el esfuerzo, mientras yo cargué 5 costales, ella transportó el doble. Yo terminé rendido y ella se fue a preparar la cena para la familia. Admirable señora.

El agua del Pacífico es muy fría y, aun así, me acostumbré a meterme a nadar, algo nuevo para mí siendo del desierto de Mexicali. Al mismo tiempo que yo convivía cada vez más con la comunidad, Ramón, el cacique, un gigantón de casi 2 metros de alto, moreno y obeso, intrigaba y me acusaba con los pescadores de ser "comunista". Las diferencias se fueron agudizando, hasta que llegaron al punto del enfrentamiento entre los pobladores e incluso entre sus familias.

Se acercaba el 10 de mayo y un amigo me ofreció una vaquilla para hacer la comida a las madres de familia. Hicimos los preparativos, ensayé algunos bailables, una obra de teatro, quería halagar a las madres de familia con un buen festival. Mis alumnos le echaron muchas ganas y hasta una tarjeta de su creación hicieron para su mamá. Mi amigo me prometió tener la carne de la vaquilla a mediodía del 10 de mayo. Con mis alumnos, temprano barrimos, adornamos con papel de china, un amigo se ofreció a cantar con su guitarra. Todo estaba listo. Un poco después de las 12, la gente empezó a llegar, sin embargo, los niños de la escuela me vinieron a avisar que el cacique y sus amigos se estaban emborrachando y decían que cuando se hiciera de noche, iban a ir por mí para golpearme, y a lo mejor hasta desaparecerme. Ese aciago día, las y los niños fueron el "correo" de la comunidad. Estaban asustados.

Los alumnos estaban muy muy preocupados. El pescador que cantaría estaba muy nervioso pues le amenazaron que de participar lo iban a golpear, además, una cuerda de la guitarra se reventó, muy apenado se levantó y se fue. Los niños tenían miedo, algunos hasta lloraban, fue tanto el caos, que tuvimos que suspender el programa. Las madres de familia, poco a poco se fueron yendo por miedo al cacique Ramón, si "bueno y sano" era peligroso, borracho más.

Un poco antes, un anciano se quedó a ayudarme, pusimos el brasero y los niños me dijeron que, muy temprano el cacique llevó las partes de una vaquilla al almacén del poblado. Sinceramente yo también estaba nervioso, sobre todo cuando el anciano me platicó, como años atrás, habían matado, a golpes a un pescador rebelde, y lo habían arrojado al mar. Eso aumentó mi nerviosismo. Los alumnos iban y venían de un extremo al otro del pueblo, y me decían lo que platicaban los que se emborrachaban y al mismo tiempo comiéndose la cabeza de una res. Decían que iban a venir a golpearme. A pesar de eso y de mi aumentado nerviosismo, me indigné y muy disgustado pensé que la vaquilla del almacén era la que habían prometido para el festejo.

Entonces, tomé un carrito de 4 llantas, de los que usan los niños para jugar, envalentonado, de una patada abrí la puerta y vi un gran costillar de la res, de inmediato lo subí al carrito y lo jalé hasta la escuela y acto seguido, lo coloqué en el brasero. Estaba decidido, las mamás tendrían su festejo, aunque, dicho sea de paso, ya quedaban pocas madres quienes temerosas se habían ido a sus casas. Al mismo tiempo, mi amigo que prometió la vaquilla fue a encarar a quienes se emborrachaban. Les dijo que me dejaran en paz, que eran unos cobardes. Entonces uno de ellos le explotó una caguama (botella grande de cerveza) en la cabeza y salvajemente lo golpearon, le abrieron el cráneo, no lo mataron, pero le dejaron inconsciente en un charco de sangre, todo eso platicaron los niños en ese mismo rato.

En eso llegó a la escuela, quemando llanta y echando polvo, Ramón. De inmediato, toda la gente se fue a sus casas muy asustados. Me insultó, me dijo que me acusaría de abigeato (robo de ganado) con el delegado, que, además, recalcó era su amigo. Me acusaba porque me había robado un costillar de una vaca de su propiedad. Se me acercó amenazante, yo estaba tan nervioso que no sabía si llorar o correr. Más por distraer mis temores que por agredir al susodicho, me agaché a tomar una piedra, estábamos solos y el tipo se asustó, creyó que lo agarraría a pedradas, se subió a su carro y dijo que iba a regresar.

En un primer momento fui a la casa de la familia Mclish y les pedí *raite*, aventón, para llegar a la carretera transpeninsular "mala suerte, profe, mi carro no anda", dijo Don Juan Mclish. Entonces pensé en irme a pie, a campo traviesa, sorteando cactus, sirios y choyas, pero lo pensé mejor, de perseguirme Ramón y sus secuaces, no habría testigos, así que decidí quedarme. "El miedo no anda en burro" dice el dicho.

Serían entre las diez u once de la noche, llegaron con gran estruendo, cuatro camionetas, luces encendidas levantando polvo, dando vueltas y vueltas alrededor de aquel, mi muy pequeño cuarto, luego se colocaron frente a la puerta, se bajaron formando semicírculo gritándome que saliera, lanzaban improperios a diestra y siniestra, las luces continuaban encendidas. No había opción, salí a enfrentarlos, seguro de que no me iría nada bien. Por suerte tenía un tubo del tamaño de un bate de béisbol que escondí detrás de mí. De alguna manera me tendría que defender. Siguieron insultándome con muy florido lenguaje y en eso, que se prenden las luces de las casas del lado oeste del poblado, y como en una procesión, salieron todos los habitantes de esas casas, hombres, mujeres, niños, ancianos, y hasta los perros, caminando en procesión, hasta que llegaron a mi cuartito. De entre todos, destacó la señora Mclish, quien armada con una piedra muy pesada que apenas podía, le dijo a Ramón: "Tú que te metes con el maestro y te metes con todos nosotros." Los pobladores tenían miedo, pero tomaron valor, sobre todo impulsados por los niños, ellos los animaron a que me salvaran. Gracias, alumnos. Gracias, señora Mclish. Así que mis atacantes, borrachones y bravucones, se tuvieron que retirar.

Apenas pude dormir, al día siguiente me estaba lavando la cara cuando escuché el ruido escandaloso de un Volkswagen en la puerta de mi cuartito. Seguro es el delegado del siguiente poblado, El Rosario de Abajo, él era el único que tenía un Volkswagen, comúnmente llamado vocho. "¡Qué rápido, ese maldito Ramón fue con el chisme al delegado!, seguro viene a avisarme que hay acusación contra mí por abigeato". Estaba totalmente equivocado. Era mi familia de Mexicali que venía a visitarme. Ya no estaba solo. Le pedí dinero a mi hermano y fui hasta la casa de Ramón, me disculpé con él por haber agarrado una carne que no era mía y le extendí la mano con el dinero para pagarle, con arrogancia suprema contestó "Sí me la va a pagar, pero no de esa manera". Me retiré. Tuve miedo. Su tono de voz y dura actitud no era para menos. Pasaron las semanas, me quedé en el pueblo hasta el mes de junio a terminar el ciclo escolar, pero se había generado en la comunidad, una gran fractura, como si hubiese una línea divisoria, el este contra el oeste, unos que me apoyaban y otros que tenían miedo de desobedecer a Ramón. Sin embargo, todos reconocían que el maestro sí había trabajado mucho, pues desde de que llegué, los chamacos habían aprendido mucho más que en otros años, les gustaban mis clases y el deporte, además, desde el principio, promoví una escuela con el CAPFCE, programa del gobierno para la Construcción de Escuelas, reconozco que se portaron muy bien. Para fin de cursos el aula ya estaba terminada, pero nunca di clases allí.

Regresé a Mexicali, un buen día, a mediados del año siguiente, recibí una carta del Sr. Mclish, en la que me informaba que llegó a Santa Rosaliita una comisión de la Secretaría de Industria y Comercio, enviada desde la presidencia de la República. "Profe, nos citaron a todos en la escuela nueva, le comento que comenzaron su discurso diciéndonos «aquí hay una queja firmada por todos ustedes, queremos preguntarles si sostienen o retiran las demandas aquí expresadas». De inmediato, Ramón tomó la palabra, les explicó que esos asuntos no eran cosa de los pescadores, que eran socios de la cooperativa, sino del nefasto maestro comunista, que había estado en el ciclo escolar anterior, un tal Ignacio.

La comisión presidencial dijo entonces que, si no había problemas, entonces se retiraban. Ignorando a Ramón, uno a uno, los pescadores se pusieron de pie y sostuvieron las demandas. El resultado fue que al cacique le quitaron los siete empleos que cobraba, incluido el de encargado del almacén, de la tienda, la gasolinera, etcétera y le decomisaron todos los vehículos. Los pescadores estaban contentos con todo lo que se había logrado con la ayuda del maestro comunista, el maestro Ignacio Gastélum Ruiz."

Unos meses después, me encontré en Mexicali a mi compañero de la escuela Normal, Ricardo Espinoza, él me sustituyó y estrenó la escuela nueva. Platiqué con él y me dijo: ni se te ocurra regresar a Santa Rosaliita, porque el "degradado siete veces", Ramón, seguía tan enojado que comentó que si te llegara a encontrar te iba a matar. "El miedo no anda en burro", decía don Miguel, mi sabio padre y yo, obedientemente, por muchos, muchos años, ni me asomé a ese pueblo, a pesar de haber dejado muchos amigos. Cabe destacar que casi todos los 10 hijos de la familia Mclish, estudiaron carrera universitaria y uno ellos, que fuera mi alumno, fue diputado local por la década de los noventa. Una gran satisfacción para un sencillo maestro rural.

En junio de 2023, por fin me atreví a regresar. Fui con mi familia de viaje a Baja Sur y en el restaurante del poblado El Rosario de Abajo allí toda la gente se conoce, pregunté por Ramón, me informaron que la muerte del degradado siete veces y corrupto ex cacique, fue provocado por múltiples piquetes de abejas... seguro era alérgico.

Ignacio Gastélum Ruiz.

ENTRE LÍDERES TE VEAS

Esta historia es real y refleja cómo la política tradicional, conveniera, tendenciosa y corrupta, permea todos los niveles sociales y hasta la escuela.

La maestra Beatriz Kazama Rosas, fundadora de la escuela Ignacio Aldama, de la colonia Cachanilla, de la ciudad de Mexicali, fue testigo presencial de hechos que a continuación relatamos.

Comenzaré relatando que casi todo el personal era joven, maestros de nuevo ingreso, a excepción del "especial" director de la escuela. Aunque había alumnado para todos los grados, no había edificio, así que todo el personal trabajó, literalmente, bajo los árboles e improvisadas ramadas. Botes de pintura y ladrillos como asiento y jabas de madera, formaban el mesabanco. Así, al aire libre comenzamos nuestro ciclo escolar. Cuando se es joven y, sobre todo, cuando nos comprometemos por educar a la niñez, realizamos proezas como ésta. El calor aún no cedía, pero eso no importaba, sin mobiliario ni salones, frecuentemente sin cuadernos ni lápices, pero había maestros, y alumnos que atender, eso es suficiente para que hacer escuela.

La comunidad, formada casi en su totalidad por los llamados paracaidistas, colaboró llevando un par de letrinas. Posteriormente se hicieron actividades y mediante donaciones se pudieron construir seis improvisadas aulas de tabla roca, o conglomerado eran aulas rústicas, el presupuesto era tan exiguo, que no alcanzó para ponerles puertas ni ventanas. Atendíamos a un poco menos de un centenar de niños y niñas, de primero a sexto grado. Yo cubría sexto.

El director asignado de la escuela tuvo que ser removido en sus funciones cuando se presentó un grave incidente entre la comunidad por cuestiones partidistas: el primero, líder priista y amigo del director, que era quien había conseguido algunos materiales de construcción y otro panista, recién llegado de la capital del país. Este último era padre de familia de la escuela. Haremos mención de que dentro de las escuelas no está permitido, por ley, hacer proselitismo político. El director ignoró eso y citó a junta a los padres y madres de familia, para atender al probable, futuro candidato tricolor.

El conflicto inició así, liderados por una regidora o diputada panista, no recuerdo su nombre, algunos de los paracaidistas, que recién llegaban buscando donde vivir, eran representados por un señor que se reclamaba como líder de los colonos. En esa colonia ya había casitas construidas y lentamente se urbanizaba; la citada funcionaria, de manera totalmente arbitraria, un domingo les ordenó a los recién llegados paracaidistas, que invadieran las casas y terrenos que incluso ya tenían dueño y estaban ocupados, lo cual como podría esperarse, generó un caos. Pleitos, litigios, reclamos, polarización entre los colonos que duró años en solucionarse. Los priistas inicialmente se habían creado esa colonia.

El líder del PRI, que andaba en campaña, le ofreció al director construir formalmente la escuela a cambio del voto de los padres y madres de familia, el director, ni tardo ni perezoso aceptó y al enterarse el líder del PAN y padre de familia de la escuela, se indignó, llegó a la escuela hecho una furia, acompañado de un equipo como de 10 personas. Se ocasionó un grave conflicto, ambos se enfrentaron, primero se hicieron de palabras, gritos, golpes y jaloneos; por fin, el de color azul sacó una pistola ante el asombro de toda la comunidad escolar, el del partido tricolor resultó que también iba armado. Increíble, esos políticos y líderes rastreros sacaron armas de fuego sin recato ni respeto alguno por la seguridad y vida de la niñez que en ese momento disfrutaban del recreo. Es un delito y grave, a más de peligroso portar armas en las escuelas. Tal parece que a estos personajes no les importó un comino.

No conformes con los insultos, comenzaron a disparar los chiquillos estaban en el patio, el pleito fuera de control, el personal asustado. De manera espontánea y mirando el peligro, tomé la iniciativa y a gritos conminé al personal y a los alumnos a protegerse en las improvisadas aulas. ¡Todos, pecho a tierra! ¡Al suelo, todos al suelo! Estábamos aterrados ante la situación. Algunos niños lloraban inconsolables y algunas maestras también. Solo escuchábamos el tiroteo, lo recuerdo como uno de los peores momentos de mi carrera y de mi vida.

Por fin, pistola en mano, los panistas sometieron al líder priista, quien, amarrado de pies y manos, cargándolo como si fuese presa de cacería, lo llevaron a palacio de gobierno directo a las oficinas del entonces primer gobernador panista del estado, Ernesto Ruffo Appel.

Los periódicos de la época dieron cuenta de este lamentable episodio. El líder del blanquiazul dijo: yo solo cumplí con lo que pedía el gobernador "¡tráiganme a ese sujeto! ¡Amarrado si es necesario!".

Del líder tricolor ya no supimos nada, tal vez se retiró de la política o tal vez se fue a vivir a otra ciudad o incluso a otro estado, no lo sabemos.

El director de la escuela fue amenazado de muerte, así que las autoridades educativas hicieron lo que siempre hacen, lo "premiaron" y reubicaron en otra mejor escuela y zona escolar y a mí me nombraron directora comisionada por un largo y complicado año de trabajo. Grandes experiencias, eficientes compañeros, padres y madres que ayudaron. El trabajo cooperativo rindió frutos. Se inició y casi se terminó de construir la escuela. Como suele suceder, otros la estrenaron. Bien por la comunidad escolar, tache para funcionarios y líderes.

Hemos pasado por muchas experiencias como docentes; accidentes escolares, problemas laborales, conflictos con los padres de familia, paros escolares y movilizaciones, pero sinceramente ninguna tan impactante como esta experiencia. Entre líderes te veas.

La muerte no existe, la gente solo muere cuando la olvidan; si puedes recordarme, siempre estaré contigo.

Isabel Allende, escritora chilena

BLANCA LIBERTAD

¡Qué demonios te hice vida!

He sido buena hija, amante esposa, dedicada madre, amorosa abuela,

He dedicado mi vida a los demás, soportado enfermedades, ausencias, desilusiones... muchas.

A brazo partido he trabajado honestamente. He sido solidaria y buena amiga...

He caminado de la mano de Dios y de la Virgen.

He cumplido vida, más, te prevengo, mi proyecto de vida aún no termina. Quiero vivir.

¡Qué demonios te hice vida!

He esperado el tiempo suficiente para cumplir mis sueños, poca cosa,

He deseado tanto levantarme tarde, dormir a mis anchas, vivir en pijamas...

He querido viajar con mis amigas, hacer lo que me diera mi real gana.

Margarita "Mariposa" Quiroz

En karaoke cantar, bailar la zumba. Ir a París, ese es mi sueño,
Conocer China, el país de mis ancestros.

¡Qué demonios te hice vida!

¡Estoy enojada con Dios y con la vida!

He preguntado a Dios y a la Guadalupana, sin respuesta.

¿Por qué tanto dolor y sufrimiento? Este agresivo cáncer que arrolla mis entrañas.

Que dolorosamente consume vida y tiempo.

Veo el dolor en el rostro de mi gente. Fingen normalidad,

Sé que a hurtadillas lloran y me muestran su mejor rostro y sonrisa. Por ellos, aún vivo.

Me duele dejarles, me duele partir...

Desde que nacemos, agonizamos y nos encaminamos lentamente hacia la muerte...

que es también la otra faceta de la vida, pareciera acertijo, vida y muerte, muerte y vida, son lo mismo. Experimentamos lo que necesitamos aprender... a eso venimos a este mundo.

Pero ya les perdoné, ya no blasfemo. Virgen de Guadalupe, Dios, Nuestro Señor, hágase tu voluntad y no la mía.

Por fin entendí, cuando mi alma se desprendía del cuerpo, mi casa por 65 largos años, lo que libertad significaba... Soy ahora un ser de luz, ligera, sin dolor; me acunó el cosmos y las estrellas esparcieron su polvo mágico, me integré por completo al universo.

Acudí al encuentro de Dios y de los míos, mis amores todos, allí estaban, luminosos.

Simultáneamente, sin tiempo ni tropiezo, me acurruqué en el corazón de aquellos que dejaba, mis hijos queridos, mis amorosas hijas, mis dulces nietos y nietas, mis leales amigos, mis amigas, mis comadres, estoy ahora más cerca que nunca en todos ustedes. Gracias por su amor. En su recuerdo vivo.

Aprendí, que la muerte es libertad.

¡Qué demonios te hice vida!

Gracias te doy, VIDA, de la mano de Dios y de la Virgen, ¡Voy a tu encuentro!

VESTIDO BLANCO

Yaquí estaba yo, Dubia, una chica de 17 años, en una clínica pobre, de una colonia más pobre aún, dando a luz a mi primer hijo. Por fortuna, era muy saludable y no tuve mayores complicaciones. Me acompañaron en ese natural, pero difícil trance, mis padres, porque mi esposo, un trabajador del otro lado, un emigrado, que en cuanto supo que estaba embarazada se desapareció de la escena. Lo nombré José Eduardo, como mi padre.

Yo estudiaba en secundaria, cursaba ya el tercer grado. Cuestión de naturaleza, genética o que se yo, algunas adolescentes nos desarrollamos más que otras, crecí y maduré muy pronto, mis facciones eran achinadas, gracias a la ascendencia oriental de mi padre; alta, delgada con figura de reloj de arena, decían atractiva, en opinión de propios y extraños. Para ocultar mis atributos, durante ese periodo caminé encorvada para que no se me notaran los pechos, usaba ropa holgada para disimular mi figura, era tímida y me avergonzaba de ser más desarrollada que mis compañeras. Así y todo, me comenzó a pretender un muchacho que pasaba por mi casa, a veces a pie y a veces en un carro con placas americanas. Nadie me habló nada de las emociones, y era tabú, hablar de métodos anticonceptivos. Comenzaron a activarse mis hormonas, yo lo miraba guapísimo, y, aunque él era varios años mayor que yo, comenzamos un oculto noviazgo.

En esa época nadie nos preparaba para los cambios que sufriríamos en la adolescencia, vale decir que estando en sexto grado, supe lo que era la menstruación, porque manché vestido y mesabanco cuando llegó la menarca. De los episodios más vergonzosos y alarmantes de mi vida. Pensé, cuando sentí la humedad, que me había hecho pipí, pero cuando miré hacia abajo que corría sangre, creí me había herido con algo, estaba realmente asustada.

Una compañera, que ya había pasado por la experiencia, me explicó, a su manera, el "accidente", "mira a esto le llaman regla, y quiere decir que ya puedes tener hijos", "¡Hijos!", exclamé, más asustada aún, "¿cómo que hijos? ¿La sangre provoca hijos?" balbucí. Era tanta mi ingenuidad, tanta o más grande que mi ignorancia. Me prestó su suéter para tapar la mancha y así pude llegar a mi casa. Mi hermana, no mi madre, me explicó lo mínimo, que eso se repetiría, cada mes, que debía usar toallas sanitarias, bañarme y cuidar de no mancharme otra vez, todo dicho con gran misterio "¿Y los hijos?" me atreví a preguntar "¡Ay mira de eso no podemos hablar, estás muy chiquita!" Y allí terminó mi clase de sexualidad. Es absurdo no prevenir a todos, niños y niñas de los cambios físicos, sexuales y emocionales que de manera totalmente natural sufrirán como consecuencia de crecer. ¡Cuántos descalabros y sinsabores se evitarían si se impartiera educación sexual, desde pequeños, a las nuevas generaciones!

La vida continuó, me gustaba estudiar y de verdad era muy buena alumna, por eso quise ir a la secundaria, sin embargo, mi papá dijo que para que iba, que me quedara en casa, al cabo que me iba a casar y tener hijos. "Pero mi hermano Juan si va", protesté. "¡Ah, bueno, pero él es hombre!" Se enojó mucho cuando se enteró que me había ido a inscribir yo sola, mi mamá, aunque pensaba igual que él, fue un poco mi cómplice.

Alfonso, así se llamaba el susodicho, iba por mí a la salida de la secundaria, era un noviazgo que, de manita sudada, pasó a besos y caricias, digamos, moderados. Para entonces y gracias a la clase de biología, sí sabía que a los bebés no los trae la cigüeña. Como a muchas mujeres de mi generación recibimos la educación sexual a través de las telenovelas, que lo que representaban eran amores idealizados; roles de género, donde el logro máximo para una mujer era casarse con su príncipe azul y tener hijos, si no, no estás completa.

Con la manipuladora televisión, las niñas imitábamos a las actrices de moda, vestíamos como ellas, nos arreglábamos y comportábamos como ellas en las telenovelas, aspirábamos a tener casa, comida y sustento sin estudiar y menos trabajar. El estereotipo del ama de casa, abnegada y sufrida. Tener hijos era la mayor aspiración, sobre todo para retener el amor del hombre. Yo no fui la excepción. La realidad era mucho más cruel y yo me di cuenta de manera muy abrupta. Acababa de cumplir 15 años, y me sentía grande porque tenía novio guapo. Un día, a un mes de terminar la secundaria, llegó por mí en el carro, que no era de él sino de su papá y me propuso "¿Qué tal si nos vamos a San Felipe?". "Eso está muy lejos y yo tengo que regresar a casa". "Mira, vamos y venimos, chiquita" dijo mientras agarrábamos carretera. Le creí, lógico, yo estaba enamorada y sin ninguna experiencia. Me la pasé llorando todo el camino, le dije que tenía mucho miedo y lo clásico, no te va a pasar nada, solo vamos de paseo. Llegamos primero a un restaurante, comimos algo y después me llevó a "descansar" según dijo, a un hotel. Yo me resistí, sobre todo cuando empezó a acariciarme y me arrojó sobre la cama. Me defendí, "¡No!" le dije, "¡esto no está bien!" "¡Vamos, chiquita, ya verás que te gustará, tú no sabes lo que se siente!", haciendo caso omiso a mi angustia. Acto seguido, comenzó a quitarme la ropa "¡No!", le dije, "¡esto no está bien!". Ya ni me escuchó de tan excitado que estaba, como pesadilla recuerdo que apreté mis piernas, el intentaba poseerme y me repetía, no te pasará nada, mira es solo tocar el hueso, allí no hay nada, es solo hueso, me defendí, lloré inconsolable, yo estaba muy asustada, él, como no logró consumar la acción, estaba furioso, así y todo, en un sepulcral silencio, regresamos a Mexicali. Tarde me di cuenta de que eso no era lo que para mí significaba el amor.

Lo que siguió fue peor, ya mi familia nos andaba buscando, la familia de él, no, tal parece que era frecuente que tuviera esos deslices, y pues unión nacieron: Dania y Pedro y como la cereza del pastel, llegaron las preciosas gemelas: Elsa y Elisa que, con José Eduardo, mi primogénito, suman cinco hermosos hijos. Ahora los tres mayores ya me hicieron abuela, felizmente, a mis 65 años de edad, tengo cinco nietas, dos de ellas gemelas, y cuatro nietos. Todos mis hijos estudiaron y son buenos trabajadores; José Eduardo y Pedro son contratistas, Dania es estilista, Elsa es enfermera y Elisa estudió Comercio Exterior y Aduanas. Yo, me siento realizada, continúo trabajando y preparando en el oficio a otras jóvenes que en ocasiones se acercan a la peluquería en busca de oportunidades. La edad no me detiene, mi siguiente proyecto es crear una escuela de estilistas.

Un día, revisando el clóset me encontré con el vestido blanco, que continuaba guardado... lo vendí por cinco dólares, en el tianguis, un lejano y feliz domingo.

El macho debe engañar y conquistar todas las mujeres que pueda, pero al mismo tiempo debe proteger y defender a sus hermanas de los intentos de conquista de otros hombres, puesto que las mujeres de su familia deben permanecer vírgenes hasta el matrimonio. Esta paradoja constituye un elemento de autoestima muy importante. (Lewis, 1967)

Margarita "Mariposa" Quiroz

ABSURDA RECETA DE ENSALADA DE NOPALES 4T

INGREDIENTES: Nopales, chiles, cebolla y tomate, sal, pimienta, aceite, limón, vinagre y cilantro.

Mi bandera, dicen, es la más bonita del mundo... pero lo dijo la UNESCO y... no les creo.

Neoliberales gobiernos la desaparecieron...

¿Voló el águila, la asustaron, la corrieron tal vez? ¿la mataron o solo la secuestraron?

El nopal, cactus histórico, quedó solo. Corta varias hojas de nopal, sujétalo con un tenedor por la base porque tiene espinas, ¡alguata, pica!

¡Ten cuidado!... como al pueblo... ¡No lo provoquen!

Con cuchillo afilado quiten las espinas, corten el borde de la verde hoja. ¡Dense vuelo!, como el águila real. Troceen al gusto, en rajas o cuadritos, por el medio, en diagonal o diametralmente cual patrón en maquila cercenando vidas.

Cocine en agua suficiente con ajo, cebolla y una pizca de sal.

Los tomates, aportación de México al mundo, córtelos en cuadritos. El rojo, reflejo de la sangre derramada en guerras, "roboluciones", desapariciones, narcotráfico, robo de niñez, ultrajes, feminicidios.

Se pican menuditos los chilitos serranos y el cilantro que se reservan para la transformación final, la llamada Cuarta Transformación, la 4T.

Corte, primero en medias lunas, después, en cuadritos, la "conquistadora" y blanca cebolla... ¡Cuídese de derramar lágrimas tardías! ¡Las carabelas fueron y vinieron cargadas de oro y plata! A golpe de crucifijo y en pareja, letras y sangre, "convencido", libre de pecados el pueblo exclamó, "¡Sí creo!"

Se mezcla todo, aderezando con un chorrito de vinagre, otro de limón, ¡nada que celebrar! Agregar sal, pimienta, aceite de oliva, del que encuentre, a lo mejor ya no encuentra virgen.

¡El imperio español llegó, arrasó, nada descubrió, exterminó y rigurosas bendiciones del cielo cayeron!

Identidad de México, su escudo y sus colores, verde, blanco y colorado, la bandera del soldado, aunque muy desprestigiado. ¡Nada que celebrar!

Puede servir la espléndida salsa banderita en tostadas o totopos, ¡por si le queda amargura o esperanza, desánimo u optimismo suficiente, acompáñese de frijoles "chinitos" y brindemos con una chela, Águila negra, bien helada!

Pero, pues... Para no perder la identidad, por tradición, al unísono, demos el ¡grito! ¡Por los héroes que nos dieron Patria! ¡Por nuestra Josefita, por Leona Vicario! ¡Por las mujeres y hombres que han luchado por México!

¡Buen provecho! Brindemos. ¡Salud, por México! ¡Por la Patria!... ¡Viva México!

DOS PALABRAS

¿No es mejor un te extraño apasionado

que un condicionado TE AMO?

¿Seguimos?

Estoy confundido

Quiero estar y quiero no estar

Ella es ahora sentimiento

Fingiré no conocerle

Pero quisiera abrazarle

Refugiarme en sus brazos...

Volver a gozar la delicia de aquel beso

¿Qué me confunde?

No quiero amarle,

Extraño hablar con ella,

Extraño su sonrisa

Extraño su larga y oscura

cabellera,

¡Ay, extraño su ocurrencia!

¿Y si le digo TE AMO?

¿Continuamos?...

No podemos continuar

Lo que aún no ha comenzado...

Dos palabras dijo:

Ella le dijo... TE EXTRAÑO.

Él esperaba un TE AMO

PERFECCIÓN

Soy una mujer, con los defectos necesarios

para ser UN PERFECTO SER HUMANO.

¿Es el amor un arte?

No lo sé. Solo sé que

Enamorarse del amor

Fue inesperado y fácil

Llegó, como la fortuna,

De puntitas y a paso ligero

Tanto, que casi ni me entero

Lo atrapé, me atrapó

Fue ligero, fue virtual,

Como brisa estacional,

Desvanecida la brisa

¡Espléndida sonrisa

Mi vida iluminó!

Con sin igual presteza

Aquel virtual y falso amor

Ligero se esfumó.

Mi tecleo perfecto, cibernético

espacio, negro agujero abrió que,

Perfectamente, lo absorbió.

"ANTROJO"

Hoy tengo ganas de carnita fresca. Tengo "antrojo", dijo el dueño del antro más exclusivo de la ciudad.

El "antrojero", dueño de aquellos antros, "El triángulo de las Bermudas", dijo:

Aún no se desgastan las traídas hace un mes

Y para colmo, nos ganó la "goberpatrulla" oficial del estado.

Quesque vino el presidente y su séquito de "antrojados"

Y ya saben, como las magitel, usar y desechar

¿y ahora están en la morgue? No, está saturada.

Estamos cansadísimos de hacer la fosa número cien.

¡Lástima, estaban jugositas aún!

Al salir de la escuela, la muchachita de secundaria, 13 años, es "levantada", por el servil "antrojero".

Ojalá sea muda, luego chillan y patalean mientras realizamos la función para la que fuimos creados.

¡Me molestan sus chillidos, se comportan como puercos en sacrificio!

Pero, pues tenemos que darles una "caladita"

como a las sandías, pa ver si sirven.

La demanda exige más trabajo, se ha formado el selecto grupo de "antrojistas"

Tecnología de punta y a pesar de eso. ¡Uf!

¡Qué cansancio destazar tanto "antrojo"!

Ante las oficinas de la "goberpatrulla" un grupo de mujeres,

Provenientes de la ciudad y del campo del municipio, y del estado...

Claman por sus desaparecidas, todas mujeres, todas niñas

Llorar, buscar, eso es cosa de mujeres

¡Resignación, Derechos Condicionados se encargará!

¡Venga el 12 de diciembre de 2048!

Sarcástico dice: La guadalupana dicen que hace milagros...

Antes del desmayo una mujer pregunta "¿Por la mañana, por la tarde?"

Madres casi todas claman por la falta de investigación.

Son rociadas con una mezcla de orines y popó de palabras...

Una verdadera gonorrea de palabras, palabritas, palabrotas, palabrejas.

¡Son tantos los antrojos como las desapariciones!

Es cosa del mercado, de la economía mundial, inversionistas.

¡La exigencia de féminas código 13 y 14

Va a la alta! ¡Ahora las chicas no solo desaparecen...

se desvanecen, con suerte encontraremos algunos despojos!

Las mujeres ya no encuentran lágrimas ni en la botica ni en el sobrerruedas,

Desfallecen sin llorar....

En el Congreso de ANTROJEROS UNIDOS se analiza la plusvalía

Se realiza la subasta y compra, en el tianguis de despojos puedes encontrar... brazo, tripa, corazón

a muy buen precio... Son despojos... Pierna, corneas, manos, antebrazos, vaginas... ¡Uy! Vientre ocupado... ¡¡véndelo en dólares!!

Made in the USA
Columbia, SC
08 July 2024